D1929682

Kleine Bibliothek der Musse

Herausgegeben von Johannes Thiele

Ursula von Kardorff

Vom Glanz rauschender Feste

Kreuz Verlag

CIP-Titelaufnahme der Deutschen Bibliothek

Kardorff, Ursula von:
Vom Glanz rauschender Feste / Ursula von Kardorff. – 1. Aufl. –
Zürich: Kreuz-Verl., 1989
(Kleine Bibliothek der Musse)
ISBN 3-268-00070-3

1. Auflage
© Kreuz Verlag AG Zürich 1989
Umschlaggestaltung: HF Ottmann / Jürgen Reichert
Umschlagbild: Oskar Gräf »Karneval-Française«.
Kolorierter Holzstich nach einer Zeichnung.
Archiv für Kunst und Geschichte, Berlin
Gesamtherstellung: Wilhelm Röck, Weinsberg
ISBN 3 268 00070 3

Inhalt

Gebt mehr Feste – und die Welt wird erträglicher

Vermutlich liegt es in der Erbanlage eines Menschen begründet, ob er sich zum geselligen oder zum kontaktarmen Typ, zum Feste-Fan oder zum Party-Muffel entwickelt. Jedenfalls hat es weder mit Reichtum noch mit Alter zu tun, nichts mit Glück und nichts mit Schönheit – sondern schlicht mit Lebensfreude und Menschenliebe.

Hier soll nicht vom Geltungsbedürfnis aufsteigender Snobs die Rede sein, nicht von Status-Symbolen, von Public-Relations-Empfängen oder Spesen-Mahlzeiten, ganz gewiß auch nicht vom Cocktail, auf dessen Einladung schon gleich die Endzeit angegeben ist: von 18 bis 20 Uhr! Nein, ich meine das richtige herrliche Festefeiern, das so alt wie die Menschheit ist – und eine ihrer besten Erfindungen. Mag sogar sein, daß die Moral der Fabel von der Grille und der Ameise stimmt – doch hat die Grille den besseren Teil vor der emsigen Ameise erwählt. Zwar singt sie nur einen Sommer. Aber der ist schön.

In unserer »Trennwand-Zivilisation« nimmt die Vereinzelung zu, die Kälte, die Unrast, die Leere. Auch das treibt untergründig die Jugend der Welt zum Protest auf die Straße, diese unbewußte Angst vor dem Zeitalter der Automation, der Erstarrung, der Vereinsamung. Im französischen Studentenmagazin »Odeon« drückt das ein Rebellenführer sehr genau aus: »Je mehr die Städte sich horizontal und vertikal erweitern, desto mehr engen sie das Individuum ein. Es ertrinkt im Gigantischen, im Unpersönlichen, es geht verloren in anonymen Massen, ist Gefangener standardisierten Verhaltens im unmenschlichen Raum. Es gibt keine Dialoge mehr in der Industriegesellschaft.« Und er schwärmt in der Erinnerung an die Zeit (Mai 1968), als das »Théâtre de France«, das »Odeon«, von den Revolutionären besetzt, zur Stätte unendlicher Aussprachen wurde, die Kommunikation in diesem Massen-Auditorium plötzlich wiederhergestellt war. »Man duzte sich, trank ein Glas Wein mit Unbekannten. Leute, die während ihres ganzen Lebens frustriert waren, kamen nun zusammen, Arbeiter, Studenten, Bürger, Künstler, und befreiten sich von ihren Ahnungen und Ängsten – es war wie ein Rausch, wie eine richtige Explosion.«

Es mag ein kühner Sprung sein, hieraus zu folgern: Gebt mehr Feste, und die Welt wird erträglicher! Aber Orte privater Begegnung und geselligen Treffens gibt es nicht allzu viele. In die »Blow ups« und »Pipers Clubs« taucht man ein wie in eine Riesenglocke von Lärm und Dunkelheit, kreisend durchblitzt von Farborgien, jede Unterhaltung ist physisch und psychisch unmöglich. Das Kennenlernen auch.

Die Großfamilie, an deren gedecktem Tisch stets zwei oder drei Gäste saßen – und oft viel mehr –, existiert kaum noch. Kinder und Eltern feiern getrennt, die einen stören die andern. »Familie? Meinen Sie damit etwa Sonntagsausflüge, Familienfeiern und solchen Käse? Einfach indiskutabel«, antwortete eine Achtzehnjährige auf eine Umfrage. Jung und alt also getrennt, warum auch nicht. Doch erschreckend viele Menschen feiern überhaupt nicht, sind ungastlich, ziehen sich wie die Schnecken in ihr Gehäuse zurück – und sind eines Tages total vereinsamt.

Seid gesellig – und ihr bleibt gesund! Es ist keine Frage des Geldes, ob man Parties gibt, keine des Aufwands. Es ist eine Frage der rechten Mischung, der Atmosphäre (wozu die Beleuchtung gehört), der Begeisterung, um ein altmodisches Wort zu gebrauchen. Bei mir zum Beispiel gibt es weder Hummer noch Champagner. Und auch keinen Whisky. Nur Wein, Bier, Bauernbrot, Griebenschmalz und Bouletten. Einfache Genüsse. Aber die Gäste kommen in Scharen, hocken sich, wenn kein anderer Platz zu finden ist, auf den Boden und reden, reden, reden. Bis morgens früh, bis ich sie sanft zur Haustür dränge.

Feste gab es immer

Seit es Menschen auf Erden gibt – haben sie Feste gefeiert. Feste der Religion, Feste des Volkes, Feste der Siege, der Krönungen, der Revolutionen und Feste des reinen Vergnügens. Geburt, Hochzeit, Begräbnis sind die drei Ereignisse im Leben des Menschen, die alle Völker feierlich begehen.

In Uruk, zwischen Euphrat und Tigris, feierten die Sumerer, das älteste Kulturvolk der Welt, alljährlich im Frühling die ›Heilige Hochzeit‹ zwischen der Göttin Inanna und dem Priesterkönig, später zwischen dem Gottmenschen Gilgamesch und der Hohenpriesterin. Symposien von sakraler Würde, an denen das ganze Volk teilnahm.

Der sumerische Speisezettel kannte Butter, Honig, Fisch, das Fleisch vom Rind, der Ziege, dem Schaf, auch Käse, Salate und Kresse. Das Obst wuchs den Menschen in diesem Teil der Erde, an dem man später das Paradies vermutete, direkt vom Baum in den Mund.

Die Frauen der Spätsumerer trugen lange, plissierte Gewänder und den kostbarsten Goldschmuck, Diademe und Goldhalsbänder mit Lapislazuli, Karneol und Perlmutter geschmückt: sie besaßen Kämme aus Elfenbein und Schminkdöschen aus Halbedelsteinen geschnitten. Die

Männer kleideten sich in Zottelmäntel aus Schafspelzen und setzten Kegelmützen auf den Kopf. Auf fünftausend Jahre alten Siegeln, die in weichen Ton gedrückt wurden, fanden die Archäologen bei Ausgrabungen Abbildungen der geradnasigen, schmallippigen sumerischen Männer, sie saßen auf Hockern, wie sie heute vor jeder Bar stehen, und saugten das »Rauschgetränk«, wie sie es in ihren Liedern nannten, aus Alabasterröhrchen. Denn Wein, Bier aus Gerste und Weizen kannten sie schon, genau wie die Ägypter.

Der assyrische König Assurnasirpal, in Fransenmantel und Tiara, gab zur Einweihung seines Palastes bei Ninive ein Gelage, an dem 5000 Ehrengäste und 65 000 Honoratioren, Beamte und Handwerker teilnahmen. Sie aßen 2000 Rinder und 16 000 Schafe, und sie tranken dazu aus 10 000 Schläuchen Wein.

Zu Knossos auf Kreta beim sagenhaften König Minos hatten die Feste kultischen Charakter. Der heilige Stier mußte von artistischen Männern und jungen Mädchen bei den Hörnern gefaßt und mit einem Salto übersprungen werden. Bezaubernde Hofdamen in engtaillierten, langen Gewändern, die Brüste unbedeckt, Korkenzieherlocken über den edelsteingeschmückten Ohren, hochgezüchtete Männer in Lendenschurz und Federhut, metallene Gürtel um die schmale Mitte, schauten ihnen dabei zu. Sie tranken – zweitausend Jahre vor Christus – den harzhaltigen Wein aus tierköpfigen Krügen und Keramikbechern, die keine Epoche je an Formschönheit übertroffen hat.

Siebenhundert Jahre vor Christus beschreibt der griechische Dichter Hesiod das Paradies so:

Und sie lebten dahin wie Götter ohne Betrübnis
Fern von Mühen und Leid, und ihnen nahte kein schlimmes Alter,
Und immer regten sie gleich die Hände und Füße
Freuten sich an Gelagen, und ledig jeglichen Übels
Starben sie übermannt vom Schlaf.

Bankett, Tanz, Musik, berauschende Getränke, erlesene Speisen, kostbare Kleider – eigentlich hat sich nichts geändert in fünftausend Jahren, von den Sumerern bis heute. Die Antike, die römischen Saturnalien, Byzanz, das Mittelalter mit der Blütezeit der Troubadoure und ihren sublimen, geistesleuchtenden Festen, der Prunk der Renaissance, die strahlenden Barockfeste am Hofe des Roi Soleil, die anmutigen Schäferspiele des Rokoko, die Bacchanalien der Revolution, der tanzfreudige Wiener Kongreß des Empire, das prachtgewohnte zweite Kaiserreich (man lese Feste bei Balzac), das Fin de siècle (man lese Feste bei Proust). Es ist immer das gleiche, das Bedürfnis, dem Alltag zu entrinnen, die Sehnsucht nach dem Außergewöhnlichen, dem Erhöhten, dem Feierlichen und Beschwingenden. Selbst der düsterfunkelnde Kreml öffnete nach der Stalin-Ära seine schwer bewachten Tore und lud die Jugend zu Sport und Tanz.

Nie sind die Feste so glühend, so beseligend wie in Zeiten der Not.

1946 machte ich meinen ersten Münchner Fasching mit. In Schwabing. Ich hatte leichtsinnigerweise meinen Freunden von Luise erzählt, Luise, der Weingutsbesitzerin. Auf sie hin wurde das Fest gezielt. Keine Kostüme, hieß es, nur Papierblumen im Haar – und den sonnengereiften Wein von schwäbischen Privatbergen im Schlund. Als ich, nach vier überfüllt vorüberfahrenden Trambahnen, endlich gepreßt wie eine Ölsardine viel zu spät die Stätte der Faschingslust erreichte, erklang verheißungsvoller Lärm aus den hellen Fenstern. Was aber stürzte mir auf mein freudiges Klingeln entgegen? Eine heißdurstige Schar mit fiebrigen Augen. »Wo ist Luise?« schrie es aus verdorrten Kehlen, Fatamorgana-Blicke suchten hinter meinem Rücken einen angenehm klappernden Pappkoffer. Meine hochgeschwellte Hoffnung brach jäh zusammen. Ist denn Luise noch nicht da?

Um es kurz zu machen, sie erschien überhaupt nicht. Dafür erschien endlich jemand mit einem Schwarzhändler, der allgemein der »Baron« genannt wurde. Ein Zylinderhut kreiste und wurde mit Papiergeldspenden bald bis zum Rande gefüllt. Nach geraumer Zeit hatte sich der Inhalt in etwas schnell herbeigeholtes Flüssiges verwandelt, das erhitzend war und bedenklich nach Anthrazit schmeckte. War es einfach Autosuggestion? Jedenfalls kurz darauf kam das Fest in Schwung und war nicht mehr aufzuhalten. Bis in den späten Morgen hinein. Alles schien in unwirkliches Licht getaucht.

Feste feiern, wie sie fallen

Ganze Bände könnte man über Feste schreiben: Gesellschafts-Wissenschaft – doch nicht von Mao, Marx, Marcuse –, angefangen bei den Sumerern, 4000 Jahre vor Christi, die sich schon an alkoholischen Getränken berauschten, bis zu den seltsamen Festen des Londoner »Undergrounds«, wo man »pot« (Marihuana) schmaucht und mit LSD »high« geht (mitunter freilich tief fällt) und sich als rosarote Wolke fühlt. Eine Sittengeschichte des Festefeierns enthielte viele Kapitel, liebenswerte, erschreckende, heitere, obszöne, komische und beglückende. Auch traurige.

So mußte zum Beispiel der Finanzminister Ludwigs XIV., Fouquet, sein prächtiges Einweihungsfest auf Schloß Vaux-le-Vicomte mit Karriere und Freiheit bezahlen. 6000 Menschen hatte er zu Ehren seines Königs geladen, und imponieren wollte er ihm auch mit Glanz und Glamour. Reitpferde wurden als Souvenir an die Herren verschenkt, Diamanten-Tiaren an die Damen. Aber der 23jährige König, der den sagenhaften Aufwand seines Steuereinnehmers mit einer Mischung aus Wut und Bewunderung betrachtete, grollte über diesen »anmaßenden, unverschämten

Luxus« so sehr, daß er den Protz ins Gefängnis warf. Der Kater war lebenslang!

Da war mir mein Kater schon lieber, den ich einmal im Fasching hatte: Ich wachte auf, einen Eisenring um die Stirn, seltsame Gefühle in der Magengrube. Geruch von Destille, kaltem Rauch und abgestandenem Wein. Dumpfheit. Vor fünf Stunden hatten die letzten Gäste meine Wohnung verlassen. Sie gleicht einem Schlachtfeld. Dabei waren es zivilisierte Leute. Einzeln. Doch in Massen gedrängt – stehend, trinkend, essend, streitend, witzelnd, singend, trampelnd – wirkten sie anders. Vandalisch.

Wirr stehen die Stühle. Auf dem Küchentisch der Turm der leeren Gläser. Im Geschirrschrank nur noch Zigarettenstummel. Und nicht nur dort: auf Schränken, unter der Couch, zwischen Büchern, auf Tellern, verklebt mit Wurstresten. Auf dem Spannteppich (hell) Rotweinflecke (dunkel) und eingebrannte Zigarettenlöcher.

Ich entdeckte ein zerbrochenes Stuhlbein, Scherben meines Lieblingsaschenbechers und das gefrorene Lächeln der Unterwohner. Um drei Uhr hatten wir das Wolgalied gesungen. Mir wird immer beklommener. Schnell lege ich mich wieder hin. Nichts hören, nicht sehen, nichts sagen, nichts denken. Spät am Abend, nachdem ich als Möbelschlepper, Elektriker, Putzfrau, Teppichklopfer, Tellerwäscher, Fensterputzer, Gläserspüler, Flaschenheber, Resteverwerter und Müllschlucker tätig war, fällt mir der Witz ein: Eine Katze sitzt an der Bar und trinkt alles durcheinander: Whisky, Wein, Wodka, Wermut, Bommerlunder, Bier und Boonekamp. »Bist du wahnsinnig«? sagt man zu der Katze, »da bekommst du ja einen Kater.« »Das will ich ja«, antwortet sie. Ja, Katze müßte man sein.

Feste feiern, wie sie fallen! Die Gammler und Clochards unter den Brücken von Paris ärgern zwar so manchen Bürger und auch Frau Saubermann – doch erwecken sie bestimmt keinen Neid. Da hocken sie, barfuß und bärtig und teilen alles miteinander, das bißchen Liebe, die Gitarre und den Wein. Die Flasche kreist von Mund zu Mund, die Zigarette auch. Ein Mädchen hat sich auf seinen Mantel gelegt; um sie herum sitzen fünf Männer, man unterhält sich lebhaft. Ein Straßen-Salon! Einer klimpert und singt, ein anderer sammelt die Francs, die vom Pont Neuf, der ältesten Brücke von Paris, heruntergeworfen werden. Feste der totalen Freiheit!

Lustig und bizarr ging es bei Picasso zu, ehe er berühmt wurde. Seine frühe Freundin, Fernande Olivier, schildert, wie er einmal ein Festbankett in seinem Atelier im Bateau Lavoir für den von ihm verehrten naiven Maler Henry Rousseau arrangierte. Die Möbel wurden ausgeräumt, die Wände mit grünen Blättern umrankt; auf einer Kiste war der Ehrensessel placiert, unter einem Baldachin von Fahnen und Lampions und dem Spruchband »Vive Rousseau«. Geladen waren dreißig Freunde, darunter Gertrude Stein und ihr Bruder Leopold, die Dichter Max Jacob und Apollinaire mit seiner zarten Freundin Marie Laurencin. Ein langes Brett, über zwei Böcke gelegt, war der Tisch, gedeckt mit geborgtem Geschirr und Besteck. Man harrte nur noch der Speisen, die ein Restaurant liefern sollte. Doch sie kamen nicht. Was tun? Die Läden waren schon geschlossen. Schnell holte man beim benachbarten Bäcker Kuchen und Torten, die freilich die allgemeine Trunkenheit auf den nüchternen Magen kaum aufzuhalten vermochten. Der Zöllner Rousseau, schon 65 Jahre alt, nickte auf seinem Thron hin und wieder ein, wachte dann auf, griff zur Geige und sang sein Lieblingslied: »Ai, ai, wie weh tut mir mein Zahn«, weinte schließlich ein bißchen vor Rührung, als Apollinaire, der Geniale, ein eigens zu diesem Zweck gedichtetes Poem vortrug, und merkte nicht einmal, daß die heruntertropfenden Wachskerzen eine Art Clownshütchen auf seinem kahlen Schädel gebildet hatten. Tout Montmartre defilierte nach dem improvisierten, süßen Mahle durch das Atelier und stopfte sich mit den Kuchenresten die Taschen voll. Auf irgendeine Weise waren zwischen die Maler und ihre pittoresken Freunde auch Amerikaner in Smoking und Abendkleid geraten. Sie flüchteten entsetzt, als der Maler Pichot und der Schriftsteller André Salmon gegen Schluß des Festbanketts Seife zu Schaum zerkauten und ein Delirium tremens simulierten.

Von einem völlig anderen Fest, einer Art Super-Party, die achtzehn Tage lang dauerte, finden sich in der Geschichte Englands die entsprechenden Dokumente. Auf seinem Schloß Kenilworth huldigte der schöne Leicester im Sommer 1557 seiner Angebeteten, der Königin, auf eine Weise, die ans Wunderbare grenzt. Elisabeth, in Reifröcken von Gold und Silber, perlenübersät, das transparenthelle Gesicht umrahmt von rötlichem Haar, war Huldigungen solcher Art ungemein zugänglich.

In einem Zelt, zehn Kilometer vor dem Schloß, wurde sie empfangen, dann ging man auf die Jagd. Erst gegen Abend geleitete der Lord seine Königin in das prächtig umgebaute Schloß – das sie ihm vor zehn Jahren geschenkt hatte. Als sie über die Schloßbrücke schritt, schwamm über den Burggraben eine lichterfunkelnde Insel mit einer Nymphe, die in zierlicher Ansprache den hohen Gast begrüßte. Beim Betreten des Innenhofes donnerten die Kanonen. Als sie aber in ihr Schlafzimmer geführt wurde, hielt man die goldene Turmuhr an. Die Zeit sollte stillstehen, solange die Königin unter diesem Dach weilte. Welche empfindsame Geste in einer nicht gerade empfindsamen Zeit!

Abend für Abend erstrahlte das Schloß im Schein von tausend Kerzen, Freudenfeuern, Fakkeln und unter den Garben des Feuerwerks. Jagden, eine Bärenhatz im Schloßhof, bei der dreizehn Bären von Bluthunden zerrissen wurden, und Picknicks sorgten für Abwechslung. Die Königin – mit Federhut, im eisenstarren Mieder über dem Reifrock, mit hochgestelltem Spitzenkragen, kostbare Ringe an den schmalen Händen – saß auf einer Rasenbank. Es gab Volksfeste im Freien mit Tanz, Theateraufführungen, große Bälle und zum Schluß das »höchst delikate, ambrosische Festmahl mit dreihundert Speisen, von denen aber Ihre Majestät wenig oder gar nichts aß«, wie ein Chronist erstaunt vermerkt.

Achtzehn fröhliche Tage und (auch fröhliche?) Nächte verbrachte Elisabeth in Leicesters Schloß. Das längste, üppigste, schönste Fest, das sie je erlebte.

Feste anderer Art, wahrlich unheimliche Feste, feierte der bayerische Märchenkönig Ludwig II.: Ich möchte sie »Orgien der Einsamkeit« nennen, die er ganz für sich allein inszenierte.

Tiefe Nacht in den Bergen, das Schloß Linderhof ist taghell erleuchtet. Von ferne blitzt die Laterne des königlichen Spitzenreiters auf, und schon braust der Zug heran. Chevaulegers, in blauer Uniform auf Schimmeln; in der goldenen Rokoko-Karosse, unter der Hermelindecke, sitzt bleich der König; am aufgebogenen Hut die Diamanten-Agraffe.

In der Hofküche herrscht – Koch Hirneis beschrieb es genau – größte Aufregung. Wo wird Majestät speisen wollen? Das Gefürchtete trifft ein: der Befehl, sofort in der Venusgrotte zu servieren. In große Körbe wird das vorgekochte Diner verpackt und in einem kleinen Raum in der Grotte mit dem blauen Wasser auf winzigem Herde zu Ende bereitet. Der Tisch ist für vier Personen gedeckt; ein herrliches, handbemaltes Service, fein geschliffene Gläser, in denen sich das Licht der Kerzen spiegelt. Doch König Ludwig speist allein – wie meist in den letzten Jahren. Die drei anderen Gedecke gehören dem französischen König und seinen Konkubinen, mit denen der phantastische Träumer Konversation macht, bedient vom stummen Kammerdiener Mayr, der eine schwarze Larve tragen muß, weil sein Gesicht dem König nicht gefällt. Anschließend läßt Majestät sich im goldenen Nachen über den Grottensee rudern, der das prächtige Farbspiel einer

KÖNIGLICHE TAFEL

München, 21. 6. 1886

Ochsenschweifsuppe
Königseeforellen
mit Bearnaiser Tunke
Kalbsrücken
mit gefüllten Champignons
Fleischpastetchen
nach Richelieu
Hühnerbrüstchen
in Mayonnaise mit Trüffel
Königssorbet
Rehbraten mit Pfeffertunke
Salat und Kompott
Spargel mit Hollandaise
Gebackene „Igel"
mit Weichseln
Gefrorenes aus dem Backofen

Speisenfolge bei der Totenfeier für Ludwig II.

elektrischen Beleuchtung reflektiert; an der Spitze des Muschelbootes ein Amor, dessen Pfeil ins Leere zielt.

Königlich war schließlich auch der Leichenschmaus, zu dem sich die Trauergäste nach dem geheimnisvollen Tode des Königs am 21. Juni 1886 an der königlichen Tafel in der Residenz versammelten.

Ganz im Stile unserer Zeit waren schon die »Bottleparties«, zu denen Goethe in Weimar lud. Die Damen sollten das Essen, die Herren den Wein mitbringen. Er wollte, wie Richard Friedenthal schreibt, »eine Art Liebeshof à la Minnesänger einmal wöchentlich in seinem Haus zusammenkommen lassen. Jedoch wurde es eher eine frostige Angelegenheit, trotz aller Versuche mit Rätselraten, Gedichtlein, Zusammenstellung von zärtlichen Paaren; Goethe hat immer wieder, auch noch im hohen Alter, über Mängel an Geselligkeit geklagt, immer wieder sich bemüht, einen Kreis zusammenzubringen, und immer wieder ist ihm das mißlungen.«

Freilich, von einem Diner, das offensichtlich in harmonischem Glanz verlaufen ist, berichtet Charlotte von Stein: »Ein empfindsames Diner, die Namen auf den Couverts, sorgfältig zur gegenseitigen Unterhaltung ausgesucht. Blumentöpfe mit seltenen Gewächsen auf der Tafel, zum Dessert eine unsichtbare, sanfte Tafelmusik, Früchte und schön vom Konditor geformte Kuchen.«

Vom Glanz rauschender Feste

Im Jahr 1476 gab der Italiener Salutati dem Herzog von Kalabrien ein Cinquecento-Fest von atemberaubender Pracht: Der Bankettsaal geschmückt mit kostbaren Tapisserien, an den Kronleuchtern 2000 Wachskerzen, auf der Tafel das feinste Linnen, auf dem Kredenztisch das silberne Tischgerät, 300 Teller, Näpfe, Becher, Kannen, Schüsseln. Die Herren gar prächtig angetan in engtaillierten, kurzen Wämsern oder faltenreichen Mäntelchen über farbigen Strumpfhosen, kühne Kappen auf den schulterlangen Locken. Die Damen in schweren Brokaten, mit tiefem Dekolleté, hochgeschnürten Brüsten, die Haare von Perlenreihen durchflochten, die Überkleider offen, damit die prunkvollen Unterkleider sichtbar wurden. Als Festmenü gab es vergoldete Pinienkerne zur Milchspeise in Majolikanäpfen, Gelatine von Kapaunenbrust, Leberbissen vom Fisch, Wild, Kalb, Huhn und Fasan. Fünfzehn verschiedene Weine wurden in getriebenen Silberkannen kredenzt. Für den Ehrengast spritzte aus einer zierlichen Fontäne Orangenblütenwasser. Zum guten Schluß durfte der Herzog den Deckel von einer ziselierten Silberschüssel heben, und siehe da: Vögel, diesmal lebende, schwangen sich mit Gezwitscher in die Luft. Gleich darauf schleppten die Diener auf goldenen Tabletts zwei scheinbar lebende, jedoch ausgestopfte, radschlagende Pfauen heran, im Schnabel brennende Weihrauchstäbchen und um die Brust, am seidenen Band, des Herzogs Wappenschild. Auf der Estrade spielte die Musik. Vasen mit orientalischen Räucherstäbchen hüllten den Bankettsaal in betäubende Wohlgerüche.

Die Schilderung eines anderen Renaissance-Festes zeigt, daß man sich damals schon die reinsten Pop-Dekorationen einfallen ließ. Als der Bildhauer Giovanfrancesco Rustici zu einem Gastmahl bat, hatte er eigens dafür einen Riesenkessel bauen lassen, in welchem die Gäste Platz nahmen. Aus der Mitte wuchs ein Baum, auf dessen Äste man die mitgebrachten Speisen stellte. Um den Kessel herum standen die Diener und reichten den Wein. Der Topf war mit Bildern geschmückt – und ebenso kunstvoll natürlich die Gerichte, welche sich die Maler und Bildhauer erdacht hatten. Der Hausherr selbst hatte Odysseus modelliert – und zwar aus gekochten Kapaunen. Andrea del Sarto hatte ein reines Pop-Küchenwunder vollbracht, indem er das berühmte Baptisterium in mühseliger Koch-Kleinarbeit nachgebildet hatte: der bunte Mosaikboden aus Gelatine, die Mauern aus Zuckergebäck, im Innern stand ein

Chorpult aus kaltem Kalbfleisch, und ein Buch aus Nudeln zeigte Noten aus Pfefferkörnern, die Sänger aber waren gekochte Wachteln mit offenen Schnäbeln, die Kontrabässe zwei dicke Tauben, Fettammern die Soprane.

Welch hinreißender Einfall – ob es wohl auch geschmeckt hat? Ob man sich überhaupt getraute, mit Messer und Gabel auf solche Küchenkunst einzustechen? Natürlich erklang aus dem Untergrund des Kessels Spielmannsmusik – und natürlich waren Damen nicht zugelassen.

Gedämpfte Musik ertönte auch vor fünftausend Jahren auf den großen Festen der Könige von Babylon: Harfen, Leiern, Flöten. Die Spieler saßen im Garten, die Gäste im Marmorsaal; erhöht auf goldenen Sesseln König und Königin. Die Tische waren aus edlem Holz, weiße, rotgeränderte Tücher bedeckten sie, silberne Ruhebänke standen auf Porphyrboden, auf bronzenen Kandelabern verbreiteten Ölflämmchen mildes Licht.

Weiße und violette Tücher, mit silbernen Schnüren und Ringen befestigt, spannten sich zwischen den Säulen. Sanft wehte der Wind vom Euphrat. Die Geladenen tranken Palmen- und Granatäpfelwein aus silbernen Bechern, ihre Teller waren aus Majolika, die Eßstäbchen aus Elfenbein. Unendliche Speisenfolgen wurden auf bronzenen Platten von Eunuchen hereingetragen, ganze Ochsen, Widder, Rebhühner, Straußeneier und Fische; zur Würze Dill und Kümmel, um schlaffe Kräfte wieder anzuspornen.

Leichtsinnige Feste gab eine leichtsinnige Königin: Marie Antoinette führte (ehe sie ihre Kinder vom ungeliebten Mann bekam) ein elegantes Drohnen-Dasein in artifiziellen Schäferdörfchen. Auch das Zauberschlößchen war nicht billig: ein zärtlich-luxuriöser Rahmen von vollkommenem Geschmack für zärtliche Feste. Das kaiserliche Playgirl mit der Bauschfrisur, in die Meisterfriseure ganze Kunstgewerbe-Ausstellungen steckten, tanzte in »Grande Toilette« der Modekönigin Bertin auf ihren Bällen. Im Park mit seiner künstlich-künstlerischen Miniaturlandschaft leuchteten bei solchen Gelegenheiten Tausende bunter Lichter in edelsteinfarbenen Gläsern. Tanzflächen und Jahrmarktbuden wurden für den intriganten, snobistischen Hochadel errichtet, auch ein Privat-Theaterchen gebaut, in dem »la reine« selber auftrat. Über allem zischten unendliche Feuerwerksgarben in die klare Luft von Versailles, während das Volk (von der Königin »grenouilles de la Seine« genannt) murrte und hungerte und die Rebellen in den republikanischen Klubs den Aufstand probten.

Noch einmal gab es ein Volksfest im sterbenden Rokoko: als der Dauphin geboren wurde – mit Tanz auf allen Plätzen von Paris, mit Umzügen und Huldigungen; noch einmal sprudelte Wein aus den zierlichen Brunnen, Brot und Wurst wurden an alle verschenkt. Doch nur eine kurze Frist war noch gegeben – dann raste die Revolution in den Straßen von Paris. Die Überlebenden trafen sich im Palais Royale auf dem »Bal des Victimes« nach dem Motto: Freiheit, Gleichheit, Brüderlichkeit. Unter durchsichtigen Schleierkleidern schimmerte die blasse Haut der Damen, wenn sie in den Armen der Incroyablen tanzten, deren Haare heutige Gammlerlänge erreichten und deren Kinn unter hochmütiger Halsbinde fast verschwand. Alle diese Aristokraten aber hatten um den Hals eine kleine rote Schnur gelegt, die anzeigen sollte, daß sie einen nahen Verwandten durch die Erfindung des Doktor Guillotin verloren hatten.

Feste von starrer Pracht gab es am Zarenhof, bis auch er unterging. Consuelo Vanderbilt schildert in ihrem Buch »Glanz und Gold«, wie sie 1902 mit ihrem ersten Mann, dem Herzog von Marlborough, einen Ball von 3000 Personen am Hofe Nikolaus' II. mitmachte. Man feierte das orthodoxe Neujahrsfest im Petersburger Winterpalais (fünfzehn Jahre später Zentrum der Revolution) auf zeremonielle Weise. Die 25jährige Herzogin erschien in weißem Atlaskleid mit Tüllschleppe, die von einem Brillantgürtel gehalten wurde. »Auf meinem Kopf funkelte ein Brillantendiadem, und Kaskaden von Perlen fielen von meinem Halse herab.« Der Herzog, ihr ungeliebter Mann, ein blendend aussehender Reaktionär, trug die englische Staatsratsuniform: weiße Kniehosen, blauer Rock mit goldenen Tressen und Federhut. »Er lächelte und sagte: ›Zumindest sehen wir vornehm aus‹, was für seine Begriffe ein Kompliment war.«

Der Anblick des Palastes muß selbst für verwöhnte Victorianer umwerfend gewesen sein. Eingelassene Goldplatten schimmerten an den Wänden, Hunderte von Lakaien in scharlachroten Livreen standen zwischen Hunderten von Kosaken in schwarzen Uniformen. Aus unzähligen Kronleuchtern strahlte das Licht. Die Nationalhymne erklang, als die Zarenfamilie ihren Einzug hielt. Ein Märchen von fast barbarischer Pracht, der Zar in weißer Uniform, die Zarin elegant und kalt in diamantenübersäter Robe, hinter ihnen die Prozession der Großfürsten in Uniform und Ordensschärpen und die juwelenglitzernden Großfürstinnen, von denen einige berühmte Schönheiten waren.

Die Großfürsten, eine Gilde für sich, brutal, imposant, grausam, charmant und zügellos, unermeßlich reiche »Playboys« einer sterbenden Epoche, gaben auch ihrerseits gewaltige Feste. So berichtet die »Berliner Volkszeitung« 1906 von einem Essen, das ein Großfürst für die Elite der Gesellschaft in einem Petersburger Luxusrestaurant veranstaltete. Alle Salons waren bis auf den letzten Stuhl besetzt, man hatte gerade zu Ende getafelt, Zigeunermusik erklang, plötzlich öffnete sich die Tür eines Nebenzimmers, und heraus traten »zwei vollständig nackte, junge, schöne Damen, die heiter plaudernd durch die Säle schritten«. Ein ungewöhnliches Dessert, fürwahr. Die Gesellschaft blieb im ersten Moment sprachlos. Denn damals war noch unbekannt, was heute kühne Avantgardisten sich leisten, wenn sie auf Münchner Galerie-Eröffnungen oder New Yorker Happenings plötzlich nackt erscheinen, um ihren Körper von Künstlerhand bemalen zu lassen. Damals schockten Nackedeis noch echt.

Die aristokratischen Damen fielen in Ohnmacht, und ein allgemeiner Tumult erhob sich. Man holte die Polizei, nachdem der Wirt vergeblich versucht hatte, die Nudistinnen mit Tischtüchern kurzfristig zu bedecken. Sie wehrten spöttisch ab und spazierten stolz in den nächsten Salon, überall Entsetzen, Empörung, aber auch allgemeines Interesse erweckend. Als die Polizei schließlich zur Verhaftung schritt, erschien der Gastgeber auf dem Plan und rief im Befehlston eines Großfürsten, vor dem die Polizei zu kuschen hatte, nur einen Satz: »Waget es nicht, sie anzurühren, ich habe sie darum gebeten.«

Weniger ungewohnt waren solche Damen mit »oben und auch unten ohne« auf den Pariser Festen der Akademie der Schönen Künste, auf dem berühmt-berüchtigten »Bal des Quat's arts«, der seit der Belle Epoque gefeiert wurde. Auf diesen Sommerfesten beschränkte sich die Toilette der Besucherinnen zumeist auf die Accessoires. So wehrte sich eine Angeklagte um die Jahrhundertwende in einem Prozeß nicht ohne Erfolg mit der Erklärung, sie sei nicht nackt gekommen, denn sie habe oberhalb des Knies ein drei Zentimeter breites Band mit einer Schleife und an den Zehen goldene Ringe getragen. Nicht zu vergessen den Federhut!

Blenden wir noch einmal zurück zu Glanz und Gloria des kaiserlichen Paris unter Napoleon III. und Eugenie, eine der schönsten Frauen ihrer Zeit. Hofbälle für 6000 Personen wechselten ab mit den intimeren »Lundis« der Kaiserin, die für nur 600 Geladene exklusiver waren. Doch auch hier feierliche Etikette, Einzug des Kaiserpaares, Cercle, Tanz und Souper. Die blendende Erscheinung der Kaiserin wurde freilich noch überstrahlt von der Maitresse ihres Mannes, der abenteuerlichen Gräfin Castiglione. Pauline Metternich, eine vorzügliche Beobachterin, schildert sie auf einem kaiserlichen Ball: »Ich gestehe, daß ich wie versteinert stehen blieb vor diesem Wunder der Schönheit. Sie war mit einer weißen Tüllrobe bekleidet, die von langstieligen Rosen bedeckt war. Ihre Frisur bildeten lediglich ihre prächtigen, auf dem Kopfe diademartig in Flechten gewundenen Haare. Ihre Taille war die einer Nymphe, ihr Hals, ihre Schultern, ihre Arme schienen aus rosa Marmor gemeißelt. Ihr Dekolleté, obzwar übermäßig, erschien nicht unziemlich, so sehr glich dieses prächtige Geschöpf einer antiken Statue... Venus, aus dem Olymp herabgestiegen.«

Fürstin Pauline Metternich, die Frau des österreichischen Botschafters, war eine der berühmtesten Gastgeberinnen von Paris. In die Annalen der höchst luxusge- und -verwöhnten Gesellschaftschronik jener Zeit ging der Ball ein, den sie am 28. Mai 1867 anläßlich der Weltausstellung gab und der die Macht Österreichs (trotz der Königgrätzer Niederlage) in unvermindertem Glanze interpretieren sollte. Er kostete – nebenbei gesagt – 65 000 Francs. Selbst der müdeste

Snob erwachte zu neuem Leben und mußte zugeben, eine solche feenartige Schöpfung wie den Tanzsaal in der Rue de Grenelle noch nie gesehen zu haben. Die überaus geschickte Fürstin, im Raum beschränkt, hatte den Ballsaal zur Hälfte in den Garten hinausbauen lassen, ihn aber dann mit Spiegelglas abgeschlossen. Auf diese Weise wirkte der Gartenrest wie eine Traumkulisse mit glitzernden Bäumen und Grotten, in denen Wasser wie Edelsteine über Tropfsteinfelsen funkelte, mit Lampions, blühenden Blumenbuketts, Palmen, Rosenbüschen – und das alles in immer wechselndes elektrisches Licht getaucht. Eine Vorwegnahme psychedelischer Farbeffekte.

Der Saal war weißgold gehalten, blau-rosa die Vorhänge an den Fenstern, vom goldenen Plafond hingen Lüster wie die hängenden Gärten der Semiramis, Blumenpyramiden in einem Kranz von Kerzen – und schließlich in einer Nische, von grünen Fächerpalmen halb verdeckt, das Wiener Orchester und der Dirigent, Johann Strauß. Ein meisterhaftes Fest, phantasievoll erfunden von einer kunstbegabten Frau. Die erste Quadrille tanzte der Kaiser mit der belgischen Königin, die Kaiserin mit dem Kronprinzen Friedrich von Preußen, Fürst Metternich und Prinzessin Mathilde, der Herzog von Edinburgh mit der Gastgeberin. Österreichs angeschlagener Ruf als

Großmacht war wiederhergestellt. Hier stieg man in den höchsten Zenit des Gesellschaftshimmels. Vier Jahre später tobte dann die Kommune durch die Rue de Grenelle.

Ein Kostümfest beim exzentrischen Modekönig Paul Poiret, das er mit ungeheurer Verschwendungssucht in seinem Garten am Faubourg Saint-Honoré inszenierte, wurde als »Die Tausendundzweite Nacht« legendär. Für die 300 Gäste des Hochadels und der Hochfinanz, à la persianne kostümiert, tat sich eine wahre Zauberwelt auf. Die Salons waren kostbar geschmückt. Eine Pracht ohnegleichen entfaltete sich aber im Garten. Lebendige Affen und Papageien in den Bäumen, irisierende Fische in Wasserbassins, davor rosa Flamingos und Ibisse. Auf der Terrasse, wie Ebenholzstatuen, zwanzig nubische Neger, nur mit smaragdgrünen, rubinroten und violetten Lendenschurzen angetan. Negertänzerinnen, schilfrohrschlank, bewegten sich nackt unter hauchdünnen Schleiern und schwenkten Räuchergefäße, bengalisches Feuer tauchte den Garten in wechselndes Licht, und hinter den Büschen postiert spielte die Musik. Ein Schauspieler erzählte Märchen aus »Tausendundeiner Nacht«. Das Mahl bereiteten Köche aus Indien.

Drei Jahre später, 1912, wetteiferten zwei Rivalinnen, die Marquise de Chabrillan und die Comtesse Clermont-Tonnere, mit ihren »Bals Persiannes«, die sie im Abstand von 14 Tagen hintereinander gaben. Ihre Häuser verwandelten sich in persische Paläste, das »Beautiful People« – kurz vor dem Weltkrieg – erschien, behangen mit echten Juwelen, in persischen Gewändern. Die russischen Großfürsten ganz in Gold. Das Corps de Ballet wechselte mit Tänzern aus Teheran, der russische Maler Leon Bakst malte Fresken, und der Society-Löwe André de Fouquieres kündigte den Aufzug der Gäste an, die in sorgsam gestellten Gruppen erschienen und Schwäne, Araberhengste, Tiger im Käfig, ja sogar Elefanten mit sich führten.

In den freien zwanziger Jahren kam dann die große Zeit des Montparnass. Die »verlorene Generation« erholte sich vom Ersten Weltkrieg, und die amerikanische Dichterschar flüchtete vor der Prohibition nach Paris, wo man für wenig Dollar noch gut leben konnte und nicht prüde war.

Diese Feste der Nachkriegszeit (die wiederum allmählich zu einer Vorkriegszeit werden sollte) waren in den Hauptstädten der Welt, in London, Paris und Berlin gleichermaßen heiß, toll und verwegen. Beckmann hat sie gemalt. Karl Arnold und George Grosz haben sie gezeichnet. Die Apotheose der Frauen von damals mit tiefumschatteten Augen und grellrotem Kußmund, mit Fransenkleid und Charlestonbeinen malte Kees van Dongen, der erst 1967 mit 91 Jahren starb. 1925 gab der holländische Maler ein Tanzfest in seinem Atelier. Obwohl er reich und auf der Höhe seines Ruhmes stand, bot er nicht eben viel. Das Büfett bestand aus einem leeren Tisch, und der Diener reichte, wenn man ihn um Cocktails oder Sekt bat, schlicht Selterswasser. Ein Akkordeonmusiker spielte zum Tanz auf. Das war alles. Als die Freunde den knauserigen Gastgeber beschimpften, sagte er nur, wobei er auf die Gäste wies: »Ich würde schön blöd sein, ihnen Champagner anzubieten, da sie ja auch ohne Champagner kommen.«

Ähnlich karg, wenn auch unter ganz anderen Bedingungen, war unser Fest im Jahre 1946. Wir waren im schwäbischen Marktflecken ein Freundeskreis von verfremdeten Dorfbewohnern aus den großen, bombardierten, hungernden Städten, gerade noch dem NS-Terror entronnen. Einer unserer Freunde hatte sich, wohl völlig verschreckt und durch die alliierte Besatzung verwirrt, eingebildet, irgendwann einmal Parteianwärter der NSDAP gewesen zu sein. Vor der Spruchkammer im Kreisstädtchen bewiesen Zeugen genau das Gegenteil: Er hatte aktiven Widerstand geleistet, der weit größer war, als selbst wir wußten, weil er nie darüber sprach. Jedenfalls erhob sich zum Schluß der Ankläger zu einer ergreifenden Lobeshymne. Wir feierten dann die halbe Nacht zu zwölft mit zwei Flaschen Wein. Das Beste aber waren drei winzige, graugrüne Carepaket-Döschen mit Speck. Die Dorfbäckerin hatte markenloses Brot gestiftet – wir rösteten die schmalen Scheiben am Kanonenöfchen, das mit selbstgestochenem Torf (eine unselig anstrengende Arbeit) und gestohlenen Holzscheiten unablässig gefüttert wurde. Ich sehe noch das winzig weiße Speckscheibchen sich auf der warmen Schnitte krümmen. Wir Mädchen hatten unsere Haare frisch frisiert (einmal in der Woche kam der Friseur ins Dorf; für das Warmwasser mußte man zwei Holzscheite stiften). Wir trugen kniekurze, doch breitschultrige Kleider, aus Luftschutzkeller-Koffern gerade noch gerettet oder aus Wehrmachtsdecken von der Dorfschneiderin geschneidert. Vom »new look« wußten wir noch nichts. Parfüm, Make-up, Strümpfe gab es nicht. Die Schuhe waren geflickt oder aus Holzsohlen gefertigt. Wir tanzten Bebop und Jitterbug, das war damals modern – aus dem Volksempfänger, den wir der Besatzungsmacht nicht abgeliefert hatten, tönte der erste Jazz von amerikanischen Soldatensendern ungewohnt an unser Ohr.

Noch spät nachts kochten wir ein Täßchen Nescafé, ebenfalls im wohltätigen Carepaket von emigrierten Freunden gesandt. Der ungewohnte, aufpeitschende Genuß hielt uns bei endlosen Diskussionen hellwach, bis der Morgen sich rötete. Wir waren jung, arm, hungrig (nach leiblicher und geistiger Nahrung) und gaben uns ungeheuer freiheitlich und intellektuell. Wir hatten alles verloren und hofften auf viel: auf eine neue, freie, demokratische, gerechte Welt. Wir waren sehr glücklich.

Schwabinger Lustbarkeiten

Glücklich waren auch jene Auserwählten, die im Frühjahr 1900 beim Einweihungsfest für das Münchner Künstlerhaus unter dem Vorsitz des Malerfürsten Lenbach dabeisein durften. Man verglich das Bankett mit einem Prunkfest aus den Zeiten des Paolo Veronese – und prunkvoll waren Rahmen und Dekor, ganz im Stil der Neo-Renaissance! Auf grünen Läufern hatte man antikes Schaugerät auf den Tafeln aufgebaut, Dutzende von Dienern (»echte und falsche Mohren«) machten die Aufwartung. Fanfarenbläser in roten Plüschtalaren gaben das Signal, Zeremoniare in neugeschneiderten Renaissancekostümen stießen mit gewaltigen Stäben jedesmal auf den Boden, wenn ein neues Gericht hereingetragen wurde. Zunächst erschien ein Viermaster mit Kaviartonnen beladen, Amor trug alsdann die Schöpfkelle zur Schildkrötensuppe voran, und als nach dem Fischgericht ein Ochse angeschleppt wurde, erklang sinnig eine Festkantate, gesungen von Kindern. Zwischenstück war eine Riesenpastete, aus deren Fenstern Schnepfenköpfe herausschauten. Gleich nach dem Hummer zogen singende Frauen ein, gekleidet in weiße Gewänder, Fliederkränze im Haar und Weinkelche in der Hand. Zu

»Metzer Hühnern«, umgeben von einem kunstvoll aufgebauten, mit weißen Porzellanfiguren verzierten Gemüselustgarten, erklang ein Symphoniesatz von Dittersdorf. Und schließlich tappte ein Eisbär herein, der einen leuchtenden Eisberg servierte. Prunk und Plüsch, viel Feierlichkeit und Würde. Wenn man das damals schon hätte filmen können – es müßte heute sehr komisch wirken.

Sage keiner, daß die Bayern nicht zu feiern wüßten. Vom Nockherberg und seiner »Fastenkur«, bestehend aus Starkbier, Brathendl, Kalbshaxn, Schweinswürstl, Leberkäs, Ochsenlende, Rettich und Brezn, bis zum Oktoberfest mit Starkbier, Brathendl, Kalbshaxn, Schweinswürstl, Leberkäs, Ochsenlende, dazwischen noch der Maibock, die Dult, der Leonhardiritt, der Almabtrieb – und schließlich der Fasching: Wer Lust hat, kann hier das ganze Jahr hindurch Feste feiern; ganz privat fällt ihnen dazu auch noch allerhand ein.

Noch heute spricht man von dem Kreis um die Gräfin Fanny Reventlow in Münchens Faschings-Hoch-Zeit, Anfang dieses Jahrhunderts. Ach, was müssen das für Feste gewesen sein: berauschend, geistreich, exzentrisch! Die Bohème hat stets und überall verstanden, so gut und leicht zu feiern. Happy Days – zwischen Siegestor und Nordfriedhof. Schwabing – »Wahnmoching«. Ganze Nächte auf den Beinen. Und am nächsten Morgen ab, heidi, kostümiert im Schlitten hinaus in die Berge zur Bauernkirta. Ein ununterbrochener Taumel bis zum Aschermittwoch: die »Enormen« und die »kosmischen Träumer«, Blutleuchte und Bacchanalien. Die schöne, leichtsinnige Fanny, eine der wenigen Hetären, die Deutschland je hervorbrachte, geistvoll, unabhängig, liebestoll und dann wieder totaler Einsamkeit huldigend, war, ohne daß sie es recht realisierte, eine hochbegabte Schriftstellerin. Mit ihrem Büchlein »Herrn Dames Aufzeichnungen oder Begebenheiten aus einem merkwürdigen Stadtteil« hat sie uns Schwabings Glanz von damals überliefert. So erzählt sie auch von dem legendär gewordenen antiken Maskenfest im Hause Wolfskehl im Jahre 1903. Der hühnenhafte Gastgeber Karl Wolfskehl, mit seinem schwarzen Bart, hatte sich, in Purpurgewand mit Weinlaubkranz und einem langen goldenen Stab, als Dionysos kostümiert. Mysterienforscher Alfred Schuler, ein dickliches Männlein, erschien als römische Matrone, Stefan George, damals 35 Jahre als, als Cäsar in weißer Toga, einen goldenen Kranz auf der Dichterstirn – und der junge Freund Maximin durfte auch schon dabeisein. Franziska Reventlow kam mit zwei Freundinnen und einem Freund zum Verwechseln gleich als Hermaphrodite, in schwarzen Trikots mit kurzem weißem Gewand, im Haar einen Kranz aus rotem Weinlaub. Das Maskenfest begann mit einem Umzug. Voran schritt eine Bacchantin, die ein ehernes Becken schlug. Einer saß am Klavier und intonierte im dumpfen Rhythmus eine Art Litanei. Es waren nur ein paar Verse, die liturgisch, das heißt in dumpfnasalem Ton gesungen wurden, wobei man alle Silben gleichmäßig und ins unendliche ausdehnte:

Wir sind gewohnt,
Wo es auch thront,
Hinzubeten, es lohnt.
Wie unser Ruhm zum Höchsten prangt,
Dieses Fest anzuführen,
Die Helden des Altertums
Ermangeln des Ruhms,
Wo und wie er auch prangt,
Wenn sie das Goldene Vlies erlangt,
Wir, die Kabiren.

»Der Umzug«, schildert Franziska, »ergab tatsächlich ein ungemein wirkungsvolles Bild und durch den eigenartigen Gesang, der dabei angestimmt wurde, eine fast beklommene weihevolle Stimmung.« Dann aber tanzten die Mänaden, die Knaben und Bacchantinnen. Und es tanzte eine der »Enormen«, die Malerin Murra, ganz allein in roten Schleiern ein ekstatisches Solo. Ein orientalischer Priester schlug den Gong dazu und fing plötzlich selbst an, sich wie ein Derwisch besessen zu drehen. Der Funke sprang über. Im dionysischen Reigen tanzten sie alle durcheinander bis zur Erschöpfung. »Mais c'est une vraie orgie, un bacchanal«, flüsterte ein zugereister Gast begeistert. Und das muß es wohl gewesen sein.

Oder verschönte nur die Erinnerung? Fanny Reventlow schrieb die Dame-Aufzeichnungen zehn Jahre später nieder. Vielleicht gab sie sich Illusionen hin? Ein kühler Beobachter, Korfiz Holm, schildert die tolle Gräfin anders: »Ich seh' sie noch, als sei es gestern gewesen, auf einem Faschingsfest vor mir, von dem ihr Tagebuch berichtet, sie hätte sich als die Wildeste und Schönste im ganzen Saal gefühlt... Sie prangte in einem, wie sie stolz betonte, echten türkischen Kostüm, das ihrer Blondheit auch nicht hätte zu Gesicht stehen können, wenn es für ihren Wuchs nicht viel zu weit und groß gewesen wäre, und wenn sie dies, von ihr wahrscheinlich auf einem kleinasiatischen Trödelmarkt erstandene Gewand vor der Benutzung hätte wenigstens reinigen und bügeln lassen. Um ihren Kopf war, andeutungsweise turbanartig, ein blauer Fetzen Crêpe de Chine gewürgt. Das Tollste aber war die Art, wie sie dem Übelstande abzuhelfen suchte, daß ihre türkischen Pantoffeln sich beim Tanze in einem fort selbständig machten. Sie band sie einfach mit zwei Herrentaschentüchern, die sie sich von irgendwem entliehen hatte, an den Füßen fest.«

Wie dem auch sei, vielleicht spürte Holm nur nichts von jenem Reventlow-Appeal, dem so viele andere erlagen – die Feste jedenfalls müssen herrlich gewesen sein!

Das dionysische Wahnmoching – ganz ist es nicht verschwunden, auch nicht im München der Olympiade und der U-Bahn. Immer noch gibt es neben den Bällen mit feierlichen Aufzügen die schönsten Privatfeste, die von Geist, Witz und Anmut erfüllt sind. Feste, bei denen selbstgedichtete Theaterstücke gespielt werden, in selbstentworfenen Kostümen, ohne Aufwand und dennoch mit geradezu künstlerischer Begabung, mit viel Sinn für Humor und Ironie; Feste, die man in fröhlichster – aber keineswegs künstlicher – Stimmung miteinander feiert; Faschingsfeste in kleinen Wirtschaften, mit geheimen, höchstbegehrten Einladungen, auf denen alle mit viel Witz die Rollen ihrer jeweiligen Kostümierung durchführen, Feste also, jenseits vom kommerziellen Massenbetrieb, zu kleinen Preisen.

Von großen, kleinen, schrecklichen und schönen Faschingsfesten

»Nun ist der Narrheit ein Ende. Die unzähligen Lichter gestern abend waren noch ein tolles Spektakel. Das Carneval muß man gesehen haben, um den Wunsch völlig loszuwerden, es je wieder zu sehen. Zu schreiben ist davon gar nichts, bei einer mündlichen Darstellung möchte es allenfalls unterhaltend sein. Was man dabei unangenehm empfindet, daß die innere Fröhlichkeit den Menschen fehlt und es ihnen an Geld mangelt, das bißchen Lust, was sie noch haben mögen, auszulassen. Die Großen sind ökonomisch und halten sich zurück, der Mittelmann unvermögend, das Volk lahm. An den letzten Tagen war ein unglaublicher Lärm, aber keine Herzensfreude.« Diese Betrachtung, die sich ohne weiteres auf den Münchner offiziellen Fasching Mitte des zwanzigsten Jahrhunderts übertragen ließe, wurde von einem Weltmann, der sich auf das Festefeiern recht gut verstand, mit scharfem Blick angestellt; nämlich von Goethe, 1786, in Rom.

Keine Herzensfreude!

Ich möchte hier eines der typischen Monstrefeste schildern, das ich in München mitmachte. Wir trafen uns vor dem Fest (natürlich paarweise) bei einer Freundin, um in Stimmung zu geraten. Jeder Herr hatte eine Flasche Sekt mitgebracht. Wir waren etwa dreißig Menschen, mehr oder minder einfallsreich hergerichtet. Langsam begann unsere provisorische Lustbarkeit geradezu etwas mit Fasching zu tun zu haben – doch da ertönte das Kommando: »Alle mal herhören. Wir brechen jetzt auf.« Und schon brausten die Narren über vereiste Straßen zu einer der Hochburgen des Faschings. Auf der Suche nach dem verlorenen Parkplatz wurde auch gleich ein Teil der guten Laune mitgeparkt.

Auf ging's hinein in die große Gaudi. Traumkulissen und Hot Jazz. Wir verloren uns alle sofort und fanden uns zum Teil nie mehr wieder. Brodelnde Paare mit abwesend ernsten Gesichtern tanzten ohne Unterlaß. Sowie ein Stück zu Ende war, drehte sich die Bühne – und erneut blies es aus frischen Kehlen schräg und schön über die viertausend Feiernden hinweg. »Mach mal Pause«, sagte ich zu meinem Begleiter, mit dem ich den Wechsel zweimal tanzend durchstanden hatte – und entfloh dem Perpetuum mobile. Wie eine, die auszog, das Fürchten zu erlernen, wagte ich mich allein auf den Weg. Ein Mann im rotweißen Radlerpullover, künstliche Warzen auf der verlängerten Nase, ergriff mich auf der dicht besiedelten Treppe. Während er sich mit mir unterhielt, hielt er mit der Rechten eine Vorüberschreitende an, kitzelte mit der Linken einen vor ihm sitzenden weiblichen Nacken, machte zu einer dritten einen Witz und sah nicht etwa mich, sondern eine vierte an. Ich verließ ihn schnell, er merkte es nicht einmal. Überall trafen sich Bekannte. Natürlich ohne Visier. Mummenschanz? Aber nein, Repräsentation. Spitze Erkennungsschreie, Schulterklopfen, Händeschütteln, und schon jagt der Spähblick über den anderen hinweg: wer denn da noch sei, wie sei, mit wem sei. Denn es war ein Privatfest. Die Einladungen, streng persönlich gehalten, waren zu Tausenden verschickt worden, bis weit hinunter nach Bonn am Rhein.

Ich traf Frau K. »Nein, wie sehen Sie reizend aus«, sagte ich und meinte es ehrlich. »So sehe ich doch immer aus«, sagte sie, »und Sie sagen es mir jedes Mal.« Meine teure Perücke, die mich silberglänzend umwallte, bemerkte sie nicht. Ich wandelte weiter: »Ober – wo ist denn der Tisch 256?« Er weiß es nicht. Seit Stunden schleppt er mittelguten Sekt zu unguten Preisen von Loge zu Loge. Der Konsum ist gewaltig. Die Konsumenten des Vergnügens tragen nur das und sonst wenig zum Vergnügen bei. Der Spesenzettel – dein Freund und Helfer – ist griffbereit. In der Mitte des Perpetuumsaales hockt die Prominenz. Immer in der gleichen Zusammensetzung und die Frauen immer noch schöner und immer noch schöner. Straßglanz, Goldlamé, Velour und Maskenbildners Schminkkunst. Blasiert blicken die Ehemänner über die Brüstung der Damen und der Logen hinweg. In unbestimmbare Fernen. »Hallo? Was soll's!« »Karl Heinrich, der Sekt ist zu warm – bestell einen neuen.«

Ja so san's die oiden Faschingsleut.

Ein jugendlicher Tänzer bemächtigt sich meiner. Ich staunte, denn ich kannte ihn nicht und er war mir auch nicht vorgestellt worden. Auf einem Münchner Fasching dieser Art sind die Bräuche streng. Wir hüpften also wie die Springmäuse, ruck und zuck, hin und her. Er zog mich heran, als sei ich ein Rettungsring, und stieß mich sofort wieder von sich, als habe ihn der Schlag gerührt. Ich fand es herrlich. »Sei doch nicht so hektisch«, rief da plötzlich Fritzchen. Er tanzte, seinen Jahren gemäß, eng an eng gepreßt: es war einmal ein treuer Husar ... im Schleifschritt der dreißiger Jahre, das Moderne war ihm zu anstrengend. Ich wirkte also hektisch. Meine eben etwas gehobene Laune sank zusammen wie ein angestochener Luftballon. Ich verließ den Jugendlichen. Wandelte weiter, spitze Schreie, der Blick über die Schulter, wer wohl, wie wohl, mit wem wohl. Schließlich traf ich Carlo. Er wollte von mir wissen, was ich zu tun gedächte, wenn »der Russe« käme, seine Corpsbrüder sähen dunkel in die Zukunft und die Horoskope seien auch nicht erfreulich. Ich wußte es trotz eines Wodkas nicht. So wechselte ich zu einem Frackträger über, der sich als äußersten Witz eine Chrysantheme angesteckt hatte und mich ›gnädiges Fräulein‹ nannte, was ich ganz besonders gern habe. Gerade sagte er: »Was macht die Feder? ...« da stieß ich zum Glück auf Gert. Seine Kette aus frischen Bananen über der braungetünchten Brust war verschwunden. Innerhalb einer Viertelstunde verfault.

Wir gingen sofort ganz energisch fort. Nach Schwabing. Der Abend wurde reizend. Wir verbrachten ihn in einer kleinen Kneipe. Draußen brannten Gaslaternen. Vorn im Raum saß nörgelnd aber scharf beobachtend die unkostümierte Stammkundschaft beim Bier, hinten wogte ein munteres, buntes Volk. Der reinste Kopfsalat. Gaukler und Viecher, Reznicekschöne und Vorstadhochzeiter, damische Ritter und Ehrenjungfrauen mit Zwicker trafen sich dort. Keiner kannte sich, oder kannten sich alle? Ich weiß es nicht mehr genau. Ich weiß nur eins, am Münchner Fasching ist doch etwas dran: viel Herzensfreude.

Im Rheinland ist der Karneval allgemeiner und fröhlicher, wenn auch derber. Wem die Schunkelfreude jedoch zuwider ist – nicht jeder ist auf rheinischen Humor geeicht –, der halte sich lieber fern. Dem Rheinländer liegt der Karneval seit Jahrhunderten im Blut. Er feierte ihn schon zu Zeiten der römischen Besatzungsmacht. Die fremden Soldaten brachten nicht nur die Weinrebe in das besiegte Land, sondern auch das Frühlingsfest für die Göttin Nehalennia. Schön bekränzt fuhr sie auf dem zu einem Schiff umgebauten Wagen an die Ufer des Rheins, ›Carrus navalis‹, das Narrenschiff entstand daraus. Andere wieder behaupten, das Wort Karneval käme von ›carne vale‹, ›Fleisch, lebe wohl‹, da am Aschermittwoch die Fastenzeit beginnt. Das Wort Fasching soll hingegen von ›Vastschang‹, Ausdruck des Fastentrunkes, kommen. Das gleiche Motiv wie beim Karneval liegt zugrunde. Der Winter geht seinem Ende zu, die sprießende Frühlingssaat muß vor Dämonen geschützt werden, das ist der ursprünglich heidnische Sinn der tollen Tage nach der längsten Nacht. Eine Theorie behauptet, daß die Tiroler Teufelsmasken, die auch heute noch um diese Zeit von den Bauernburschen in uralter Überlieferung getragen werden, mit Gamsbart und Gehörn primitiv geschnitzt, möglicherweise aus der Antike, von der Maske der Satyre stammen. Geheimnisvolles schwebt um diese Masken.

Das Mittelalter führte die Tradition weiter mit

Umzügen, Narrentreiben der Zünfte und allgemeiner Volksbelustigung, denn die Narrenzünfte entstanden aus den Zünften. Die Lust am Verkleiden, am Maskieren ist so alt wie die Welt. Ihre Hochblüte erlebten die Maskenfeste zu Barock- und Rokokozeiten in Italien. Der Carneval in Venedig begann am ersten Oktobersonntag und zog sich bis in den März hinein. Man lese Casanova – welch Schauplatz der Eitel- und Heimlichkeiten, welch immerwährendes Vergnügen in geheimnisvollen Gärten, Palais, Pavillons, Theaterlogen; welche Freude an Glanz und Intrige, an Schönheit und mörderischem Dolchstich. »Wenn es je Helden des Vergnügens gegeben hat, so muß man sie hier suchen«, schrieb ein zeitgenössischer Franzose. Harlekin, Pierrot und Colombine wurden hier in ihrer melancholischen Heiterkeit, in Eleganz und Leichtsinn geboren, wie zauberisch hat das Watteau gemalt! Die Venezianische Nacht ist noch heute das klassische Faschingsfest, bei dem die Damen in Visier und schwarzem Dreieckshut, die Herren im Domino lustwandeln. Unter solchen Kostümen feierten unerkannt Kaiser und Könige, sogar die scheue österreichische Elisabeth.

1585 schon gab es in München einen Faschingszug. Sicher war er lustiger als heutzutage, und sicher beteiligte sich das staunende Volk mehr an ihm als heute. 1781 fuhr ein »gantz Götterhimmel« daher, veranstaltet von den Studenten des Kurfürstlichen Schulhauses. 1827 lud der bayrische König zu einem ›Römischen Carneval‹ in die Residenz. Berühmt wurde sechs Jahre später der Ball der Münchner Künstlerschaft ›Wallensteins Lager‹, bei dem alles, einschließlich des Königs, in naturgetreuen Kostümen gar feierlich daherschritt. Unsterblichkeit verlieh Gottfried Keller dem ›Albrecht-Dürer-Fest‹ von 1840 durch die Beschreibung im ›Grünen Heinrich‹. Später übernahm Moritz von Schwind die Ausgestaltung der Märchenfeste. Unter Lenbach wurde die Künstlergesellschaft ›Allotria‹ gegründet, sie existiert, wenn auch kümmerlich, heute noch – und dann brach das Zeitalter des jugendlichen Simplizissimus, der Reznicek-Erotik in Frack und Domino um die Jahrhundertwende an. Damals wurde auch das erste Konfetti, sorgfältig nach Farbe gesondert, in Beutelchen verkauft, »wer Konfetti vom Straßenpflaster aufhebt, um andere damit nochmals zu bewerfen, hat strenge Bestrafung zu gewärtigen«, hieß es in einer Polizeiverordnung.

Ungefähr um die gleiche Zeit erfand ein Berliner, Gehilfe eines Zauberkünstlers, die Papierschlange. Demuth hieß der Wackere, der die bunten Schlänglein auf die Straße warf – und alsbald wegen groben Unfugs arretiert wurde. Mißmutig wanderte er nach Paris, wo er 1890 eine fünfzig Meter lange Luftschlange in die ›grande opera‹ wirbelte – und allergrößten Applaus erhielt. Aus Frankreich importiert – fand die papierene Vergnügungsschlange in allen Farben des Regenbogens später auch den größten Beifall der Berliner.

Anschaulich berichtet der Münchner Arzt Felix Schlagintweit in seinen Erinnerungen ›Verliebtes Leben‹: »Den Höhepunkt der Münchner Geselligkeit bildete der Rote Ball des Jahres 1900, bei dem die Weiblichkeit beliebig stilisiert nur rote Gewänder trug. Wir hatten ein besonderes Raffinement für die letzte Tour der Fledermaus-Française erfunden. Bei den berühmten acht Takten durfte kein Wort mehr gesprochen werden, die Reihen sanken, sich an den Händen haltend und wiegend, immer mehr in die Knie herab, die Musik wurde immer leiser und nur die große Trommel markierte geheimnisvoll den Rhythmus, der uns allen fiebernd in den Gliedern lag. Mit einem wilden Schrei schnellten dann die Hunderte empor und stürmten einander bacchantisch entgegen. Das totale Verstummen eines eben noch in wildem Tanzfeuer rasenden Saales hatten wir mit der Kapelle zur höchsten Wirkung ausgebildet. Die Melodie setzte plötzlich aus, wir aber drehten uns fort, nur im Takt gehalten durch das rauschende Frou-Frou der Röcke unserer Tänzerinnen.« Alle Achtung, unsere Großväter waren keine Kostverächter. Sie verstanden sich möglicherweise besser auf das Feiern großer Feste als ihre Enkel.

Solch beseligenden Rausch strömen die kommerzialisierten Massenfeste hierzulande nicht mehr aus. Natürlich kommt es – auf jedem Fest – auf die persönlichen Erlebnisse an. Ich erinnere beglückende Kostümfeste, durchaus nicht südlicher Art, sondern mitten im faschings-verleumdeten Berlin auf der Kunstakademie, an denen auch einige Tausende teilnahmen, und trotzdem amüsierte man sich auch als Partikelchen. Besser aber als solche Riesenaufgebote sind in jedem Fall die kleineren Gesellschaften, die halbprivaten Faschingsfeste, bei denen nicht mehr als zweihundert Vergnügungsbereite geladen sind.

Hier nun mein Vorschlag: Tun Sie sich mit ein, zwei oder drei Freunden zusammen und arrangieren Sie als ›Aufforderer‹, nicht als ›Einlader‹ ein solches Kostümfest. Es kann eigentlich nicht mißlingen. Sie müssen nur den rechten Kreis zusammenkuppeln.

Man chartert ein kleines Vorstadtlokal, eine gemütliche Kneipe, engagiert eine Studentenkapelle, drei Mann genügen vollauf, und denkt sich ein witziges Motto für die Einladung aus. Wichtig ist die persönliche, handgeschriebene Namensnennung des Geladenen auf der Einladung selbst. Drucksachen werden allzu leicht in den Papierkorb geworfen. Wichtig ist auch die Bitte um Antwort, damit das Gremium einigermaßen übersieht, mit wieviel Geladenen es rechnen kann. Die Einladung und das Motto müssen geistreich sein und Anlaß zu einer Kostümierung geben, die einmal absieht vom Ringelpullover und der Baskenmütze oder dem Apachenhalstuch. Aber sie dürfen auch nicht zu kompliziert sein, dann verlieren die Gäste, vor allem die männlichen, die Lust, sich zu verkleiden. Die Kapelle soll genauso einen scharfen Jazz wie einen Stimmungswalzer, vielleicht sogar eine Polonaise spielen können. Speisen, Weißwürste, Schinkenbrote, Hühnersuppe, Kaffee und den Alkohol zahlen die Gäste selbst beim Kneipenwirt. Natürlich dürfen die Preise nicht auf Kosten der Qualität des Gebotenen womöglich gar noch klettern. Der Witz eines solchen Festes ist sein privater Charakter, es darf wohl Fülle, aber kein Gedränge geben. Mehr als 250 Kampfgenossen sollten es nicht sein. Die ›Aufforderer‹ sollten sich aus Personen zusammensetzen, die ganz verschiedene Kreise kennen. Der Riesenmixbecher der Narretei hat schon oft die beglückendsten Cocktails zusammengeschüttelt. Die Dekoration in dem Faschingslokälchen ist weniger wichtig als die angenehme Beleuchtung. Sie müssen aufpassen und sie ausprobieren und mindestens zwei Stunden vor Beginn auf Posten sein. Falsche Beleuchtung kann die beste Stimmung erschlagen. Mit wenigen Handgriffen läßt sich auch der banalste Tanzsaal verwandeln, Lampions über die Lampen, statt der weißen Tischtücher buntes Papier auf die Tische, die man möglichst an die Seiten räumt. Ein gelungener Faschingsabend muß geheimnisvoll schillernd, rund wie eine Seifenblase sein – und genauso schnell zerplatzen.

Manchmal bahnen sich trotzdem Dauersachen, sogar Ehen auf solch heiterem Plateau an, sicher nicht die schlechtesten. Das Anonyme, Schwebende, Unverbindliche ist jedoch der eigentliche Urreiz des Mummenschanzes, auch das Derb-Lustige, wie etwa bei der rheinischen Weiberfastnacht, in der die Frauen nicht mehr schön, sondern nur noch komisch sein wollen und vor der die Männer ein bißchen Angst haben, weil sie sehr stürmisch bedrängt werden.

Krone aller karnevalistischen Wonnen aber ist das Privatfaschingsfest. Modezar Christian Dior erzählt in seinem Buch vom schönsten Karneval, den er je erlebte, vom Ball, den der steinreiche Mexikaner Charles de Besteigui in seinem Palazzo in Venedig vor einigen Jahren gab. »Die Pracht der Kostüme, die geheimnisvoll schimmernde

Atmosphäre, die Schönheit der Frauen, die Haltung der Männer – das alles glich den Tiepolofresken an den Wänden der Säle und Galerien. Die dunkle Tiefe des italienischen Nachthimmels stellte das ganze farbenprächtige Schauspiel außerhalb von Zeit und Raum. Wer wird einmal die Philosophie der Feste schreiben? Trotz aller Kritik kann ich als unverbesserlicher Ästhet nur feststellen: Feste von solcher Schönheit – sind wahre Kunstwerke.«

So ein Fest kann auch im Zeitalter des Sozialismus, trotz eines vielleicht bedenklichen Luxus, mit Geist und Grazie über den Jahrmarkt der Eitelkeiten gleiten. Wie etwa der Kostümball der Vicomtesse de Noailles, von dem Paris noch nach Jahren sprach. Schon zwei Monate vorher wurden die Einladungen an dreihundertfünfzig Auserwählte in alle Welt verschickt, sie sollten als Genies ihres Landes aus den Jahren 1500 bis 1900 erscheinen, Frauen durften auch Personen aus den Werken der großen Dichter und Maler darstellen. In der Zusage mußte bereits gesagt sein, als was der Geladene kommen würde, erst dann bekam er seinen Paß. Auf diesem reizend kopierten ›amtlichen Schriftstück‹ stand der angenommene Name mit Geburtsort und Datum, klein in der Ecke war der wirkliche Name vermerkt. Nicht nur auf die Kostüme, auch auf die Idee hatten die Gäste ihre Überlegungen zu verwenden. Das Fest im Pariser Palais der Noailles begann um zehn Uhr abends. An der Aufgangstreppe stand der Haushofmeister und verkündete nach Einsichtnahme in den Paß feierlich, wer da käme: der junge Goethe, Voltaire, Heinrich Heine mit der Lorelei, Mallarmé, Rubens mit Helene Fourment oder die Portugiesische Nonne. Jeder spielte seine Rolle bis in die Früh vollendet durch. Man entrüstete sich in Voltaires Worten, man bekomplimentierte sich in der Rokokosprache, man sagte seine ›eigenen‹ Gedichte auf. Junge Mädchen von siebzehn und alte Damen von siebzig Jahren hatten gleich große Erfolge. Vielleicht muß man aus dem Lande Cocteaus und Anouilhs stammen, um die Würde eines solchen Festes durchzustehen. Es gab keine Knutscherei in dunklen Ecken, nicht einmal unbedingte Ausgelassenheit – aber das Fest strahlte seinen Glanz wie ein Edelstein aus. Sind Geist und Grazie nicht der beste Lohn für alle Mühen des Gastgebers?

Weniger prunkvoll, weniger zeremoniell, aber ebenso geistvoll vielleicht könnten Sie selbst ein Kostümfest arrangieren, jenseits der Zonen des Luxus. Sie brauchen dazu nur Menschenfreundlichkeit. Die allerdings in hohen Graden. Sonst ärgern Sie sich. Faschingsgäste, die in Fahrt kommen, und das sollen sie, sind schlimmer als Vandalen. Meine eigene Erfahrung sei Beweis. Man lud mich plus einer Flasche Sekt zu einem Privat-Karneval ein, dem weitaus besten Leckerbissen auf dem Vergnügungsmenü der Saison. Das Fest wurde rund wie ein am Azurhimmel schwebender Luftballon, und die letzte Stunde war die beste. Keiner wußte, wer der andere war, sogar die Liebespaare verloren sich aus den Augen. Es gab viel zu trinken und gut zu tanzen, jedermann fand jedermann und vor allem sich selbst ungemein hübsch und geistreich. Ganz besonders witzig schien mir auch die Idee meines Tänzers, der bleichen Marmorbüste im Vorraum ein fröhlicheres Aussehen zu verleihen. Kichernd bemalte ich mit meinem Lippenstift voll Schwung die kühle Schöne. Nicht nur die Lippen, auch die Wangen färbten sich errötend. »Wie wunderbar sieht sie jetzt aus«, riefen wir begeistert und tanzten davon.

Untrügliches Zeichen, daß das Fest gelungen war: noch der nächste Morgen schien mir unsäglich heiter, obwohl ich nur drei Stunden geschlafen hatte. Arglos rief ich die Hausfrau an, um mich zu bedanken. »Sah die Wohnung sehr übel aus?« fragte ich so nebenbei. »Übel«, kam die gedämpfte Antwort. »Das schlimmste ist die Büste im Flur. Hast du eine Ahnung, welcher Barbar sich daran gütlich getan hat?« Ich zögerte eine

Sekunde, dann siegte die Ehrlichkeit, die ich offenbar von rechtschaffenen Ahnen geerbt habe, schnell gestand ich meine bösartige Lippenstift-Tat ein.

»Ich habe es schon mit allen Mitteln versucht«, sagte meine Freundin dumpf, »nichts rührt sich. Dabei ist die Büste von Rietschel, dem Mann, der das Weimarer Goethe-Schiller-Denkmal geschaffen hat. Weißt du, daß sie meine Ur-ur-ur-Großmutter, Ida von Lüttichau, darstellt, eine der zartesten Gestalten der Romantik, Seelenfreundin von Tieck und Carus?«

Das Marmorgewicht der Dame senkte sich auf mich herab. Mit bleichem Optimismus versicherte ich, daß man da sofort allerhand unternehmen müsse und daß man sich getrost auf mich verlassen dürfe. Ich rief mehrere kunstwissende Freunde an, keiner half mir, einer sagte nur: so etwas Barbarisches bringen nur die Preußen fertig, während ein preußischer Vetter der geplagten Gastgeberin meinte: typisch bajuwarisch.

»Was macht der Gipskopf?« fragten die Kollegen in der Redaktion. »Was ist, um Gottes willen, aus Ihrer Büste geworden?« sagten andere (ich blickte erschreckt an mir hinunter). Schließlich zerrte ich einen listenreichen Goldfasser, Restaurator des schönsten Münchner Museums, vor meine Schandtat. Sein kunstliebendes Gemüt verfinsterte sich zusehends. Er hantierte stundenlang mit allerhand Säftchen und Pinseln, manchmal zischte es verheißungsvoll. Ida sah allmählich hoffnungslos aus, das Lippenrot war verrutscht und gab ihr ein hämisches Aussehen. »Wie kann man sich überhaupt so anstreichen«, sagte der Restaurator und sah mich über die Brille weg vorwurfsvoll an. »Das ist Cochenillenrot, wird aus Läusen gewonnen und haftet wie der Teufel.« »Überall«, sagte ich, »nur nicht an den Lippen.« Indessen las die Hausfrau mit milder Stimme aus Ida von Lüttichaus Leben vor. Sie muß ein hochgerichtetes Wesen, eine ›auffallend traumzarte, schöne Erscheinung‹ gewesen sein, kultiviert und gelehrt. Und während ihre geröteten Wangen unter des Restaurators kundig zischender Hand mehr und mehr erblaßten, vernahmen wir ihre Gedanken, die sie an Tieck mit zierlicher Handschrift geschickt hatte: »Aus dem Ballast, dem Wust, der jedes Menschen Existenz mitgegeben ist, die einzelnen Momente, in denen das Höhere, Geistigere in ihnen tätig ist, herauszufinden, diese mit Geduld abzuwarten, darin besteht die Economie des Seelenverkehrs und darin wird so oft gefehlt.« O Ida – nach einem solchen Münchner wohlgelungenen Faschingsfest braucht das Höhere einige Zeit, ehe es wieder tätig wird.

Zu guter Letzt aber war das Rettungswerk einigermaßen vollendet. Das Rouge wich von den ungeküßten Marmorlippen. Lieblich und lächelnd erstand die Gereinigte wieder, ganz Seelenfreundin, ganz unantastbar. Und immer – ich wurde tatsächlich wieder eingeladen, wenn es auch keine Faschingsorgie mehr gab – wenn ich Ida'n sah, fiel es mir erneut ein: die Wonne des Abends, die im Grunde genommen jede Reue aufwog.

Mit wieviel Mühe früher Faschingsfeste vorbereitet wurden, erzählte mir ein Neffe Paul Heyses, der als Student 1910 auf ein Fest bei Ludwig Ganghofer in München eingeladen wurde. Rote Radler gaben die Einladung ab, sie bestand aus einer bunten, runden Schachtel, in der eine Luftschlange lag; rollte man sie neugierig auf, so las man ein ellenlanges Gedicht, auf der Innenseite gedruckt: »... doch jed's junge Täuberl, sei's Mannderl, sei's Weiberl, erscheine maskiert, und chic verlaviert ...« so ging es weiter und weiter. Ferner fanden sich vierundzwanzig Papierringe in dem Schächtelchen, die für die Herren als Tanzkarte fungierten, die Namen der Tänzerinnen wurden daraufgeschrieben, fünfzehn Françaisen waren für den Abend vorgesehen.

Ganghofers empfingen ihre hundert Gäste in ihrer Privatwohnung in der Steinsdorfstraße, man tanzte bis zehn Uhr, ohne daß etwas angeboten wurde, dann schrillte das Telefon, schreckensbleich kam die Hausfrau herein und verkündete: »Kellnerstreik, unser schönes vorausbestelltes Essen wird nicht serviert...« Zugleich verlöschte das Licht und man hörte von der Straße her den Klang von Posthörnern. In mehreren Kutschen wurden die verdutzten Gäste nun in das Hotel Vier Jahreszeiten gefahren, wo ein ausgesuchtes Mahl ihrer harrte. Danach fuhr man in bester Stimmung wieder in die Wohnung zurück, wo indessen eine Bar etabliert worden war und im Jagdzimmer des Hausherrn unter Geweihen und ausgestopften Vögeln in einem Riesenkessel frische Weißwürste erwärmt wurden. »Soviel Mühe macht sich heute keiner mehr«, schloß ein wenig traurig der alte Herr seine Erzählung.

Der erste Ball, zierlichste Brücke zum Leben

»Noch glücklicher und nicht weniger stolz darauf, daß sie heute zum erstenmal im langen Kleide einen richtigen Ball mitmachen durfte, war Natascha. Beide, sie und Sonja, trugen Mousselinekleider mit rosa Bändern. Natascha hatte kaum den Ballsaal betreten, als sie auch schon verliebt war. Nicht verliebt in irgendeinen einzelnen, sondern in alle zugleich. Und wenn sie sich im Saal umsah, so war sie eben gerade in den verliebt, auf den im Augenblick ihr Blick gefallen war. ›Ach wie schön‹, sagte sie immer wieder zu Sonja, zu der sie alle Augenblicke gelaufen kam.«

Tolstoj, dieses schwierige Genie, dieser Riese mit dem ungebärdigen Bart, konnte sich in die zartesten Empfindungen der »jeunes filles en fleur« hineinversetzen. Verliebt nicht in einen, sondern in das Leben schlechthin – genau das gleiche empfand auch ich. Als Vierzehnjährige bekam ich bei dem Wort »Ball« Herzklopfen vor Wonne. Ich stellte mir eine Art siebenten Himmel vor (manchmal war es dann auch so), in dem ich in Rosa – natürlich in Rosa – mit ungeheuer schönen Herren auf Wolken dahinschweben würde. Zunächst aber kam es anders.

Mein erster Ball war eine grausame Enttäuschung. Ich weiß nicht, was meine guten Eltern bewogen hatte, auf dieses Fest ausgepichter Weltstadtsnobs ins Berliner Hotel Esplanade zu gehen. Ich weiß nur, daß ich in einem viel zu mattrosa Tüllkleid, das die Schande meiner Salznäpfchen preisgab, wie ein Entlein zwischen lauter angeberischen Schwänen hockte. Ich tanzte an diesem Abend ein einziges Mal. Und das mit meinem Vater. Und er tanzte schlecht.

Drei Wochen darauf aber ward die Feuerprobe auf einem Privatball bestanden. Es wurde nun wirklich ein goldgeränderter Traum (diesmal in zartblauem Taft), und ich erinnere noch heute mit Präzision die Postkarte, auf der mit steiler Jünglingshandschrift ein Gedicht, das den Abend besang, meine Eitelkeit erfreute.

Gab es denn etwas Herrlicheres als einen Ball, etwa auf einem der großen Güter in der Umgebung Berlins, wo noch zahlreiche Gastzimmer zur Verfügung standen, die die Weithergekommenen über das Wochenende aufnehmen konnten? Das köstlich ausgedehnte Frühstück am nächsten Morgen, die Parkspaziergänge, die Besichtigung der Ställe und Koppeln, das Schwimmen im See – und abends, bei kalter Platte und Grammophonplatten, die Wiederholung des großen Festes im kleinen.

In der Stadt ging man dann später ohne Herzklopfen auf die Bälle. In großer Clique, oder vom Kavalier abgeholt, der genau wußte, daß ein Gläschen Steinhäger, vorher am billigen Stehausschank in der Kneipe genossen, die Stimmung hob und seinen Geldbeutel schonte. Lässig schritt man kurz vor Mitternacht in den festlichen Saal. Oder doch nicht so lässig, wie es den Anschein hatte? Sirrender Jazz, gerötete Wangen, Augen groß wie Sterne unter dem Kreuz des Südens, Getränke, deren Schalheit niemand merkte, Speisen, an denen die Mädchen nur nippten, Stunden, die zu Minuten schrumpften. Wehe Füße, welke Blumen, verwischter Lippenstift, der Hausschlüssel, der so schwer im Abendtäschchen zu finden war – die Ewigkeit unter der Haustür, unter sehr, aber schon sehr hellem Himmel; die Vögel zwitscherten laut wie Jazzflöten, die Zeitungsfrau lächelte gutmütig. Schnell unter die kalte Dusche – und ohne eine Stunde Schlaf den Eltern taufrisch unter die skeptischen Augen treten: »Wann bist Du nur nach Hause gekommen, wir haben Dich gar nicht gehört?« »Ach, ich weiß es nicht mehr genau, ich glaube, so gegen halb eins.« Ausgetauschte Telefonnummern – der tukkernde Herzmotor bei jedem Klingeln: fünfmal wird ein anderes Familienmitglied verlangt, zweimal die Köchin, dreimal ist falsch verbunden, viermal ist es ein Gleichgültiger – und dann endlich: Er. Aber doch tut man mit künstlich blasierter Stimme kund, frühestens übermorgen Zeit zu haben – ach, wie unendlich lange es dauert bis übermorgen!

Wie poesielos scheint mir dagegen die moderne amerikanische College-Jugend zu sein. So schildert Herbert von Borch die Bälle der Studenten in den USA: »Wenn früher junge Leute Bälle gaben, dann tanzten alle mit allen. Heute erscheint der Oberschüler oder der junge Student mit seinem Mädchen, tanzt den ganzen Abend ausschließlich mit ihr, und jeder Versuch eines erotischen Wettbewerbs gilt als anstößig. Es gibt einen strengen Ritus, nach dem vier oder fünf Verabredungen zwischen Teenagers zu einer festen Beziehung führen – diese Beziehung mag nach einiger Zeit nach einem gleichfalls festgelegten Protokoll auseinandergehen, sie mag aber ebenso oft in einigen Jahren zu jenen übermäßig frühen Ehen führen. Die förmlichen Bälle haben an Interesse verloren, da ja die Paare nur noch untereinander tanzen. Die Spannung, die früher aus dem Wettbewerb um die hübschen Mädchen entsprang, ist verschwunden, die Gewohnheiten der elterlichen Generation gelten als frivol.«

Das Puritanische hält also, unter dem Banner der Jugend, in Amerika wieder seinen Einzug. Da waren mir meine eigenen Bälle schon lieber, und da hat es die Jugend bei uns besser. Nach den tristen Kriegs- und Nachkriegsjahren wächst wieder eine ballfreudige Generation heran. Nun tanzen sie wieder! Erst auf der Tanzstunde (die in Norddeutschland schon von Kindern ab sieben Jahren besucht wird), dann auf dem Teenagerfest, das Schulklassen untereinander arrangieren, schließlich auf dem ersten großen Ball. Ihm folgen der zweite, der dritte, der vierte, bis die Routine größer und die Erwartung kleiner wird.

Debütantinnenbälle großen Stils, wie sie der englische Hof jahrhundertelang pflegte, sind heute außer Mode gekommen. Sie waren eine Erfindung Queen Anns; während ihrer Regierungszeit (1702–1714) erschienen auf den »Salon-Empfängen« die jungen Mädchen in kostbaren Toiletten, Straußenfedern im Haar, um der Königin vorgestellt zu werden. Das hat sich bis 1957 erhalten, wenn auch die Vorschriften über die Länge der Schleppe und die Anzahl der Federn aufgehoben wurden. Nun ist die ›Presentation-Party‹ bei Hofe ganz abgeschafft. Manche vornehme ›elderly lady‹ bedauert das – ebenso wie die jungen Mädchen – heftig, denn mit Anstandsunterricht und Hofknicks-Lehren hatte sie oft ein gutes Geld verdient. Heute werden die Mädchen auf den ›Garden-Parties‹ vorgestellt, zu denen statt zweihundertfünfzig Gästen bis zu siebentausend geladen werden.

Geblieben ist die Sitte des ›Outcoming Ball‹ jedoch nach wie vor. Die geprüften Eltern müssen auch für einen solchen Ball brunnentief in das Mitgiftsäckel greifen, deshalb tun sie sich manchmal zu dritt zusammen, um die Strapaze zu durchstehen. Sie mieten gemeinsam die Räume eines glanzvollen Londoner Hotels, wenn nicht, wie im Falle der Duchess of Norfolk, mit Erlaubnis der Königin der St. James Palast zur Verfügung gestellt wird. Aristokratinnen wie Putzfrauen lesen in der Saison dann täglich mit dem gleichen Vergnügen die Spalte ›Diary of the Season‹, in der unter ›Dances‹ ein solcher Ball verzeichnet wird.

»Mein gesellschaftliches Debüt«, schildert die bereits erwähnte steinreiche Amerikanerin Consuelo Vanderbilt, die in den neunziger Jahren den Herzog von Marlborough heiratete, in ihrem Buch ›Glanz und Gold‹, »machte ich 1893 auf einem Ball, den der Herzog von Grammont in Paris für seine älteste Tochter gab. Ich trug ein weißes Tüllkleid von Worth, meine Taille war eng geschnürt. Ich hatte keinen Schmuck angelegt, dafür aber Handschuhe, die bis an die Schulter reichten. Ein ›bal blanc‹ hatte dem mit ihm verbundenen Begriff von Reinheit und Unschuld zu entsprechen. Es durfte nicht den geringsten Flirt geben. Eine Debütantin wurde aufgefordert und nach Beendigung des Tanzes zu ihrer Mama zurückgeleitet. Gelegenheit zur Konversation war nicht gegeben. Von den Männern, die an dem Ball in der offenkundigen Absicht teilnahmen, ihre künftigen Frauen auszuwählen, wurde ein entsprechendes Benehmen erwartet.«

Auch bei uns ging bis zum Ersten Weltkrieg ein wohlerzogenes Mädchen selbstverständlich niemals ohne Anstandsbegleitung aus. »Im Ballsaal«, heißt es in einem Anstandsbuch aus der Plüschzeit, »ist es die Hauptregel, die man einer jungen Tänzerin einprägen muß, daß es verboten ist, einem Herrn einen Tanz zu verweigern und danach die Aufforderung eines anderen anzunehmen. Gefallsüchtigen jungen Mädchen sei zur Warnung gesagt, daß ein Schlagen mit dem Fächer eine große Bevorzugung ist, die nicht leicht stattfinden sollte, und daß man am allerwenigsten einen Fächer als spanische Wand benützen darf, hinter der man sich mit dem Tänzer versteckt. Junge, lebhafte Damen mögen sich ferner noch merken, daß sie auf einem Ball weder Blumen aus ihrer Coiffure verlieren noch Stücke aus ihrer Garderobe einbüßen dürfen.« (Das möchte ich wohl auch meinen!)

Ein Ball war im 19. Jahrhundert ein wesentlich

ernsthafteres Ereignis als heute. Damals fuhr Natalie in einer Equipage zum Ball. Errötend betrat sie am Arm des Vaters den lüsterstrahlenden Saal. »Man zeigt der Welt nicht die Rose, sondern die im Elternhaus heranwachsende Knospe, welche sich unter den Augen der Gesellschaft erst zur Blüte entfalten soll.« Natalie trug Beinkleider und lochgestickte Unterröcke und einen Cul de Paris. Sanft raschelten die Falben und Schleifchen. Die Taille war wespenschmal, das Ballcorselett sorgte dafür, die Löckchen fielen leichtgebrannt in die Alabasterstirn. Die ungeküßten Lippen (oder hatte schon ein schnurrbärtiger Herzensbrecher im Wintergarten unter Kübelpalmen einen Vorschuß auf die Verlobung genommen?) waren von natürlicher Röte, und alles duftete nach Kölnisch Wasser, dem gerade noch erlaubten Wohlgeruch. War Natalie bei Hofe eingeladen, mußte sie dekolletiert erscheinen: »das ist ausnahmslos vorgeschrieben«, hieß es im Guten Ton von 1884, »auch für die jüngsten und die ältesten Damen, im bürgerlichen Leben jedoch genießen die genannten Lebensalter das Vorrecht, ihre noch unentwickelten oder verwelkten Formen besser verborgen zu halten.«

Während sich also Natalie heiß tanzte, mit einem Lieutenant, einem Lehramts-Kandidaten oder Forstadjunkten, saßen die Eltern mit Fernsehblick und kuppelten theoretisch. Erst Anfang des neuen Jahrhunderts wurde der Drachenfels zaghaft abgebaut. In den Münchner ›Neuesten Nachrichten‹ vom Februar des Jahres 1900 fand ich folgenden Vermerk unter ›Aus der Gesellschaft‹: »Zur ›Matinée dansante‹ wird seit kurzem nur noch die tanzlustige Jugend eingeladen. Eine wohlbekannte Lady hat die etwas gewagte Neuerung eingeführt. Da der Erfolg glänzend war, sind nun auch die ›Diners dansants‹ beliebt, auf denen die jugendlichen Mädchen ohne die sonst unvermeidlich gewesene ältere Begleitung erscheinen dürfen. Die Gastgeberin, deren Ruf natürlich unantastbar sein muß, übernimmt die Verantwortung für die ihr anvertrauten jungen Mädchen, die über diese kurze Freiheit selig sind. Seitdem sie nicht mehr den besorgten Blick der Mutter oder das strenge Augenpaar einer bezahlten Dame auf sich gerichtet wissen, amüsieren sie sich noch mal so gut, ohne auch nur im geringsten gegen den guten Ton zu verstoßen.«

»Zu meiner Zeit«, sagt wehmütig der 85jährige Graf H., »waren die Alten stets mit dabei auf dem Ball. Man tanzte von neun Uhr bis Mitternacht, ohne etwas zu trinken, erst dann schritt man gemeinsam zum Souper.« Natalie hatte natürlich auch eine Tanzkarte, in die die Anbeter sich mit steiler, schneller Schrift eintrugen. Beim üppigen

Souper am intimen Tisch kam es dann wohl zwischen ihr und dem Partner zu scherzhaften Gesprächen, deren tiefere Bedeutung am nächsten Tag den Eltern im Salon von einem feierlichen Herrn im Gehrock mit Zylinder klargemacht wurde. Nach lange vorher gegenseitig ausgekundschafteten Vermögensverhältnissen bat er um die Hand seiner Tänzerin, die er im Walzertakt zuvor schon so bedeutungsvoll gedrückt hatte. So entscheidend war damals ein Ball.

Die Hochzeit

Die Hochzeit ist – oder sollte es wenigstens sein – ein einmaliges Fest, feierlich und fröhlich. Seit es Menschen gibt, begeht man sie mit vielen Zeremonien. Schon die melancholische Sappho besang sie in berühmten Oden, die die Vornehmen bei ihr zur Hochzeit bestellten:

Glücklicher Bräutigam, dir wird die ersehnte Hochzeit
endlich zuteil, du hast zur Braut die ersehnte Jungfrau,
reizend ist ihre Gestalt, die Augen so süß wie Honig
und von der Liebe ganz übergossen ihr holdes Antlitz.

Solche kunstvollen Verse waren in der Antike üblich, heute werden sie zumeist in hausgebackenen Kranz- und Schleier-Gedichten aus Onkelchens Poesietruhe nachgeahmt. Dennoch hat sogar ein solches Poem etwas Rührendes, denn fast jede Braut hat etwas Rührendes, ›von Liebe ganz übergossen das holde Antlitz‹, es ist ja auch ihr schönstes Fest, eine der Sternstunden ihres Lebens, wenn sie nicht gerade aus Berechnung oder Verzweiflung, sondern wirklich aus Liebe heiratet. Während der Bräutigam fast immer einen kleinen Stich zum Komischen hat – ich kann mir nicht helfen –, stets eine Spur Puppenstubenpapa und ein Mikroteilchen Opferlamm; deshalb geniert er sich zumeist. Die Braut hingegen genießt Romantik, Pomp und Poesie.

Die meisten Bräute wollen feierliche Hochzeiten. Ich kenne ein Paar, das sehr unromantisch heiratete, weil der Mann allem Zeremoniellen abhold und beide zudem unvorschriftsmäßig arm waren. Sie waren Künstler und schon lange befreundet, wollten sich dies jedoch eines Tages vom Standesamt bestätigen lassen. Der Mann verschlief zunächst die entscheidende Stunde, die junge Frau saß wartend mit den beiden Trauzeugen auf den Stufen des Standesamtes und ließ eine geschenkte Flasche Kirsch kreisen. Ihre Unterschrift nach der frugalen Zeremonie fiel dementsprechend kraklig aus. Mit einem schnell abgeholten Honorar aus der Zeitung wurde dann das Hochzeitsmahl im Bräu, bestehend aus Weißwürsten und Bier, bestritten. Heute sind beide über solche Provisorien hinaus: mit Krankenkassenbeitrag, Steuerbescheid und zwei Kindern leben sie gutbürgerlich. Doch jedesmal, wenn Frühling ist, seufzt die Frau: »Weißt du, jetzt sollten wir die kirchliche Trauung nachholen, ich möchte so gern ganz in Weiß in die Wies.«

Ganz in Weiß in der Wies-Kirche heiratete einer jener Lieblinge der Leinwand, Tag, Ort und Stunde ihrer ›ganz geheimen Hochzeit‹ vorher nur in einem Interview verratend. Und die Anbeterinnen krochen ihr fast unter den Schleier, und das Rokokogestühl der schönen Kirche zerbrach schier unter dem Ansturm von soviel Neugier. Geweint soll sie haben, vor Schrecken, die filmschöne Braut, ehe sie mit ihrem berühmten Lächeln den Kameras in die Linse schaute.

»Basta«, schrie mit Stentorstimme der Franziskanerpater in die venezianische Kirche, als er kaum durch das Gewühl der sensationslüsternen Besucher kam, um seine Nichte, eine fünfzehnjährige italienische Prinzessin, mit einem deutschen Prinzen zu trauen. ›Basta‹ sollte öfter gerufen werden, wenn die Photographen die feierlichsten Momente schnappblitzen. Auch, oder speziell, bei Fürstenhochzeiten, dieser beliebtesten Schau der aufrechten Demokraten der ganzen Welt. Geheimnis, Glück und Märchen webt um Fürstenhochzeiten, etwas vom Urmythos –, es war einmal ein junger Königssohn, der freite eine wunderschöne Prinzessin‹ – lebt da auch heute im Zeitalter der künstlichen Sterne und der Elektronengehirne fort. Nur so ist die Anteilnahme der Öffentlichkeit erklärlich, wenn irgendwo ein Paar mit geschlossener Krone vermählt wird, auch wenn die Krone nur noch Symbol und nicht mehr Realität ist.

Damals, auf der Neige zur neuen Zeit, 1770, als die liebliche Tochter der Kaiserin Maria Theresia heiratete, war die Krone noch Realität, wenn sie auch dreiundzwanzig Jahre später mitsamt dem Haupte fiel. Die langausgedehnten Hochzeitsfeierlichkeiten Marie Antoinettes waren ein königliches Schauspiel, das selbst einen Hollywooder Monumentalfilmregisseur vor Neid erbleichen lassen müßte. Achtundvierzig sechsspännige Karossen zogen mit dem französischen Brautwerber in die Wiener Hofburg ein, über hundert Lakaien und Gardesoldaten bildeten die prächtige Nachhut. Die festfreudigen Wiener kamen auf ihre Kosten. Eine Veranstaltung schlug die nächste. Öffentliche Werbung, Gratulationscour bei Hofe, Parade der Armee. Im Schimmer von tausend Wachskerzen auf gläsernen Lüstern öffnete das Belvedere seine Pforten zu einem Ball, auf dem dreitausend Gäste Menuett und Quadrille tanzten, die Damen in kostbaren Reifröcken und hochgeschnürten, freiherzigen Dekolletés, die weißgepuderten Frisuren mit Diamenten und Blumen besteckt, die Herren in Escarpins und bunten Fräcken.

Einen Tag später war die Feier der ›Eheschließung per procurationem‹, der Bruder der Braut trat stellvertretend für den Dauphin vor den Altar. Dann setzte sich die Wagenkolonne in Bewegung auf Frankreich zu, Marie Antoinette in einer gläsernen Kutsche. Auf einer Rheininsel wurde die Fünfzehnjährige von Kopf bis Fuß neu eingekleidet und zur Dauphine von Frankreich erklärt. Schließlich trafen sich, nach tagelanger, beschwerlicher Reise durch jubelnde Dörfer und Städte, die beiden Hauptakteure des glanzvollen Schauspiels, die sich nun zum erstenmal sahen, im Wald von Compiègne. Mit allem Prunk und aller Feierlichkeit war eine ganze Zeltstadt dort aufgebaut.

In Versailles wurde die wirkliche Hochzeit gefeiert, der Erzbischof von Reims vollzog die Trauung. Zum Hochzeitsmahl im neu erbauten Opernsaal, das zehn Stunden dauerte, waren sechstausend Adlige geladen. Das Volk, zu Tausenden herbeigeströmt, erging sich indessen im taghell erleuchteten Park von Versailles, aus den Fontänen floß Wein, Ludwig XV., von seiner schönen Schwiegertochter begeistert, war großzügig. Schließlich führte der König, der seinen schrulligen Sohn an Charme und Männlichkeit um vieles übertraf, das jugendliche Paar durch ein Spalier von Höflingen unter Salutschüssen in das Hochzeitsgemach.

Die jüngste Dauphine von Frankreich, Marie

Therese von Württemberg, feierte 187 Jahre später ihre Hochzeit weniger prunkvoll und weniger zeremoniell, als sie im Juli 1957 mit dem ältesten Sohn des Grafen von Paris getraut wurde. Zweitausend Royalisten riefen ›vive le roi‹, als das junge Paar bei 43 Grad Hitze erschöpft aus der Kapelle der Orléans in den Park schritt. 135 auserwählte Gäste, darunter die griechische Königin, durften unter einem Baldachin einen Hochzeitslunch zu sich nehmen, während sich die anderen, weniger erlauchten Geladenen im Park, zum Teil auf dem grünen Rasen, niederließen und eine Art ›fête champêtre‹ feierten. Sie aßen sechshundert gebratene Hühner, vierzigtausend Sandwiches, fünfhundert Pfund kaltes Roastbeef, sie tranken dreitausend Flaschen Champagner, Jahrgang 1947, achthundert Liter Fruchtsaft, zwei Tonnen Eiskaffee, und waren am allerfrohsten, als sie mitten im Park eine Quelle mit eiskaltem Wasser entdeckten, das Sodawasser war nämlich ausgegangen. Die ›Hochzeit des Jahres‹ war reibungslos über den sonnenglühenden Jahrmarkt der Eitelkeiten gegangen.

Schleppetragende Königskinder, anmutige Prinzessinnen in Dior-Brautkleidern, Galauniformen, Zeremonienmeister, gerührte alte Mütterchen beim Hofknicks, ordentragende Veteranen, exilierte, abgesetzte oder demokratisch regierende Monarchen als Gäste, kurzum Fürstenhochzeiten sind publicity-wirksamer als Hochzeiten von Filmstars, selbst wenn keine Kronen und Reiche, sondern nur noch Farmen und Firmen dabei geboten werden.

Ebenso wie die Fürsten schauen die Bauern auf Ebenbürtigkeit und gute Mitgift. Eine richtige bayrische Bauernhochzeit geht nach strengem Ritus vor sich: Vier Wochen vorher geht der Hochzeitslader in Tracht mit einem Stock, an dem weißblaue Bänder flattern, von Haus zu Haus und lädt mit einem Verslein und schriftlicher Karte ein. Jeder Gast weiß nun, wenn er zusagt, daß er tief in sein Säckel greifen muß, gilt es doch ein Geschenk mitzubringen, das Mahlgeld für das Hochzeitsmahl, eine Spende beim Umgang um den Altar in die Kirche, eine Spende für den Kirchenchor am Ausgang der Kirche, eine Spende für die Musik im Wirtshaus, ein Geldgeschenk für das Hochzeitspaar, das im Kuvert (Betrag und Name oben drauf geschrieben) feierlich übergeben wird.

Das Zeremoniell einer bayrischen Bauernhochzeit ist schöner und lebendiger in seiner Tradition als so manche städtische Hochzeitsfeier. Um neun Uhr versammeln sich Hochzeiter und Gäste im Wirtshaus, es gibt eine heiße Suppe oder Weißwürste, Bier und Glühwein. Beim nachfolgenden ›Morgendank‹ bedankt sich das Brautpaar bei seinen Eltern. Der Hochzeitslader, wichtigste Schlüsselfigur der Veranstaltung, gedenkt der gestorbenen Verwandten der Brautleute, wobei die Rührung nicht ausbleiben kann. Alsdann formiert sich der Kirchenzug: voran die Musikkapelle, oft zwanzig Mann stark, in Tracht, dann der Hochzeitslader, darauf der Bräutigam mit dem Ehrvater (meist der Tauf- oder Firmpate), darauf die Braut mit der Ehrmutter (Tauf- oder Firmpatin), die Brauteltern und nächsten Anverwandten, zum Glück auch noch heute oft in den herrlichen Trachten, in denen die Frauen viel schöner als in der städtischen Kleidung aussehen.

Nach der Brautmesse, mit Umgang um den Altar, zieht die ganze Gesellschaft zum Friedhof an die Gräber der nächsten Verwandten. Von dort geht es – die Kapelle spielt nun heitere Weisen – durch die girlandenumwundene Pforte in das Wirtshaus. Die Tafel ist blumengeschmückt, darauf verstehen die künstlerisch begabten Bayern sich besonders gut. Es gibt dreierlei Suppen, dreierlei Braten mit Zubehör, Knödl, Kartoffelsalat, Blau- und Weißkraut und Bier. Um drei Uhr werden Kaffee, Torten und Kuchen serviert, üppig wie zu Brueghels Zeiten. Die Gäste ergehen sich ein wenig in der frischen Luft, die Burschen tragen ein Myrthensträußerl am Rockaufschlag, die Mädel haben apfelrote Backen. Um diese Zeit wird die Braut von den Burschen geraubt: fort geht's mit ihr zum nächsten Gasthof.

Während im Hochzeits-Gasthaus die Alten bedächtig ein Schwätzchen oder Schlümmerchen halten, tanzen die jungen Brauträuber und Räuberinnen. Hat schließlich der Bräutigam seine Geraubte gefunden, was nicht allzu schwer ist, wandert alles wieder zurück. Es schlägt die Stunde der Brotzeit, Geräuchertes und G'selchtes mit Sauerkraut wird geboten. Bier und belegte Brote. Die Musik spielt zum Tanz auf. Um neun Uhr abends wird es noch einmal feierlich. Das ›Abdanken‹ beginnt, dazu steht das Brautpaar hinter einer Tafel mit zwei brennenden Kerzen, Gast für Gast tritt hervor und überreicht sein Geldgeschenk im Kuvert, die klingende Post kommt in eine Terrine, einige tausend Mark sind leicht beisammen, je höher die verlesene Spende ist, desto freudiger bläst die Musik. Bauern sind Realisten. Haben sie nicht recht? Porzellankitsch und Vitrinenschreck, von einer Hochzeit zur andern geschenkt und mitunter heimlich im Fluß versenkt, solche unpraktischen Gaben gibt es bei ihnen nicht. Mit dem Geld kann man einkaufen, was im Haushalt noch fehlt.

»Unter allen Festen ist das Hochzeitsfest das unschicklichste. Keins sollte mehr in Stille, Demut und Hoffnung begangen werden«, fand Goethe. Man mag verschiedener Ansicht über diesen Ausspruch sein – er selbst hat ihn jedenfalls befolgt, als er sich 1806 heimlich mit Mademoiselle Vulpius trauen ließ, mit der er freilich schon seit 1788 voll guten Gewissens in einer ›Gewissensehe‹ lebte.

Beim Hochzeitsmahle klopfen dann wohl oft mehrere, manchmal allzu viele Redner an das Glas. Bei langen Essen sind Reden eine Atempause, bei noch längeren Essen mitunter eine Qual. Jeder Hochzeitsredner sollte sich nicht zu fest an sein vorher Erdachtes, vielleicht sogar Aufgeschriebenes klammern. Gewandt wie ein Protokollchef muß er sich dem Vorhergesagten anpassen und vielleicht (sicher schöne und erhebende) vorhergebastelte Sätze fortlassen. Noch nie ist eine Tischrede wegen zu großer Kürze in Mißkredit geraten.

Hochzeiten – grüne, silberne und goldene – sind an festlichen Tafeln Familienfeiern im vollkommensten Sinne. Die Großmama ist hier genau so gewichtig am Platz wie der winzige Neffe, der die Brautschleppe trägt. Wohlwollen, Poesie und Glückseligkeit schwingen über diesem Fest, das der höchsten aller menschlichen Beziehungen gewidmet ist: der Liebe.

Von ganz und gar verrückten Festen

Zur Soziologie des Festefeierns gehört auch das Abnorme. Groteske Feste zu geben, können sich nur die Sehr-Reichen leisten, die mitunter vielleicht auch sehr arm sind, sonst wären sie nicht so geltungsbedürftig. In ihrem Hundertzimmer-Palais in Palm Beach gab die fünfundachtzigjährige Milliardärin Horace Dodge für zweihundert Gäste einen Empfang, bei dem Champagner aus einem echt goldenen Springbrunnen sprudelte. Ein Schwan aus Eis barg fünfzehn Kilo echten russischen Kaviar. Sonja Henie mietete eines der teuersten Hollywooder Restaurants, nur um auf ihrem Fest im Clownskostüm auf einem kleinen Elefanten in den Ballsaal reiten zu können. Und was hält der Zeitgenosse von den vier Mitgliedern des British Legion Damenklubs, die sich zur Erheiterung ihrer ausschließlich weiblichen Gäste auf einem Londoner Gartenfest als lebende Zielscheiben zur Verfügung stellten, Zielscheiben, nach denen man mit Cremeschnitten und Sahnebaisers warf? Oder (ein Fest, bei dem ich freilich recht gern dabeigewesen wäre) von dem kleinen Diner, das der italienische Multimillionär Guirche 1956 in St. Moritz gab, auf dem die fünfzehn anwesenden Damen Ballroben aus den Häusern der größten Pariser Couturiers trugen, die der Gastgeber ihnen vorher verehrt hatte?

Früheren Zeiten fiel Absurderes, Phantastischeres ein. Lorenzo Strozzi, ein Renaissance-Playboy aus Rom, hatte schon im 15. Jahrhundert filmgerechte Einfälle. Seine Gäste betraten einen Saal, der ganz mit schwarzem Tuch ausgeschlagen war, aus den Ecken grinsten echte Totenschädel über beleuchteten, wächsernen Skeletten. Das gastliche Mahl war auf einem schwarz verhängten Tisch aufgetragen, appetitliche Würste lagen unappetitlich neben knöchernem Gebein, unter Schädeldecken brodelten frisch duftende Fasane. Natürlich langte niemand zu. Alles stand beklommen in prächtig gestickten Samtgewändern von ausladender Fülle vor dem uneinladenden Gastmahl. Nur der päpstliche Hofnarr ließ sich seinen Appetit nicht verdrießen, das war er seinem Amte schuldig. Zum Glück für die Geladenen öffneten sich jedoch nach einiger Zeit neue Flügeltüren, und man schritt in einen strahlend erleuchteten Saal. Kaum daß die Erstaunten sich gesetzt hatten, sprangen auch vor jedem einzelnen, dank eines erfindungsreichen Mechanismus, Speise und Trank aus der Tafel heraus. Nach so viel Schocktherapie hatte der Hunger wahrscheinlich Renaissance-Ausmaße angenommen, und sicher gischtete die Fröhlichkeit dann bis hinauf an die kostbare Kassettendecke des Palastes.

Seltsame Feste feierte auch der genialverrückte bayrische König Ludwig II. Sein Koch Theodor Hierneis schildert das einsame Festmahl, das der Gehetzte in der Nähe des Schlosses Linderhof sich selbst gab. Im goldenen Schlitten jagte er durch die Winterlandschaft zur »Hundingshütte mit der mächtigen Weltesche, die das Dach durchbricht und in der Notung, Sigmunds Schwert, steckt«. Riesenholzscheite loderten im Kamin, Bärenfelle bedeckten den Boden, der König saß einsam am Holztisch, trank Met aus Hörnern und goß sich die Sahne zum Mokka aus einem silbernen Hirsch ein.

Bei einem seiner Staatsbankette in der Residenz wurden mächtige Schaustücke aufgetragen. Pfauen aus römischen Züchtereien, tagelang vorher mit Gänseleber und Trüffeln gefüllt, goldbraun gebraten auf einem Brotsockel kunstvoll aufgebaut, wurden mit schillernden Köpfen und leuchtendem Schwanz besteckt. »Als am Tag der Pfauen-Premiere sich dann die zwölf servierenden Lakaien mit ihren Schaustücken dem König gegenüber im Halbkreis aufbauten, glitt ein allgemein freudiges Staunen über alle Mienen – es war ein Bild, würdig des Sonnenkönigs«, schreibt noch nachträglich begeistert der betagte Koch.

Feste von königlichem Aufwand, die fast an

Wahnwitz grenzen, gab in unserer sonst sehr unköniglichen Zeit ein Mann, der einst im Armenviertel von Minneapolis geboren wurde und nicht einmal die Grundschule zu Ende besucht hat, der geniale Filmproduzent Mike Todd. Ihm gelang, was Tausenden von Snobs niemals gelungen ist, er brachte als ›größter Verschwender des Jahrhunderts‹ sogar die hochgestochene Londoner Gesellschaft dazu, bei seinen ungeheuerlichen mitternächtlichen Empfängen mitzutun. Fürsten, Herzoginnen, Minister, Schauspieler, Lords und schöne junge Prinzessinnen kamen zu seiner Premieren-Party, als der anmutig-witzige Film ›In 80 Tagen um die Welt‹ in London uraufgeführt wurde. Sie kamen in Omnibussen, die der kleine untersetzte Mann mit dem energiegeladenen Kinn eigens gemietet hatte, in den Battersea Park, 1700 Mann hoch, sie tranken französischen Champagner (trotz des sehr hohen Zolls), der von Dienern in Rokokolivreen serviert wurde. Sie aßen die Nationalspeisen von siebzehn verschiedenen Ländern, die von siebzehn verschiedenen Köchen zubereitet worden waren, und sie wunderten sich nicht, am nächsten Tag in den Zeitungen zu lesen, daß der herzliche Gastgeber für dieses Superfest, das bis vier Uhr morgens dauerte, etwas mehr als eine Million Mark ausgegeben hatte. Nicht gerechnet zweitausend weiße Regenmäntel, die mit dem Flugzeug von Paris gekommen waren, damit der Gastgeber auch für den üblichen englischen Garden-Party-Regen gewappnet sei. Sie wurden allerdings nicht gebraucht und im Zweifelsfalle günstig weiterverkauft. Als der Film ein Jahr gelaufen war, gaben Mike und seine zarte Frau Elizabeth Taylor ein intimes Festchen für ihre allerengsten Freunde in New York. Es lief im Madison Square Garden vor sämtlichen amerikanischen Fernsehkameras ab, 18 000 Intime tafelten und zechten, und es kostete fast zwei Millionen Mark, von denen Mike allerdings nur einen Bruchteil zahlen mußte, weil er durch die Fernsehrechte für die Leute, die wenigstens mit den Augen über Television mitschmausen wollten, genug eingenommen hatte. Ich wüßte nicht, wer auf der Welt es diesem großzügigen Selfmademan im Feiern gleichtun könnte. Sehr viel weniger anmutig scheint dagegen die Idee des Amerikaners Frank Morrison aus Baltimore, dem zu seinem sechzigsten Geburtstag nichts Besseres einfiel, als seine offenbar volltrunkenen Gäste herzlich aufzufordern, doch bitte sein gesamtes Mobiliar kurz und klein zu schlagen. Die kostbaren Bilder und Teppiche wurden bei dieser Gelegenheit – wie lustig! – verbrannt, und zum Schluß warf alles mit vereinten Kräften einen Konzertflügel aus dem Fenster.

Wirklich geistreich hingegen müssen die Münchner Feste um die Jahrhundertwende in der großen Zeit des ›Simplizissimus‹ gewesen sein. Felix Schlagintweit schildert 1902 ein ›Protzenfest‹, auf dem der Kunstgeschmack des ›Allerhöchsten aus Preußisch-Berlin‹ auf bayrisch verspottet wurde. Die Einladungen wurden auf Glanzpapier gedruckt, die Innenausstattung der Brauerei in Schwabing war übertrieben prächtig hergerichtet, von der Galerie hingen falsche Perserteppiche herab, Öldrucke standen auf Staffeleien, Makart-Buketts, imitierte Holzbrandmalereien, eine ausgestopfte Gemse mitten im Salon, Gipsköpfe, mit denen die Italiener hausierten, bildeten den feierlichen Schmuck. Die Teilnehmer hatten sich in extravagant geschmacklose Gewänder gehüllt. Bier wurde in Sektkelchen serviert, auf einem verstimmten Piano Schnulzen der Zeit gespielt. Damals hatten die Menschen eben noch Muße, sich mit der Vorbereitung zu solch amüsantem Unsinn abzugeben, wochenlang vorher wurde da getiftelt und geprobt, wurden die Einfälle und Ausfälle überlegt, hatte das Festkomitee schon seinen Spaß, und wochenlang nachher sprachen noch alle Beteiligten davon. Wo gibt es so etwas noch bei uns? Zu einem gut-verrückten Fest gehören halt Enthusiasmus und Zeit, an beidem sind wir unterernährt.

Muß man freilich so viel Enthusiasmus haben wie Mrs. Lamb, die Frau des späteren Lord Melbourne, die sich bei einem Dinner in einer Riesenterrine auf die Tafel bringen ließ und ihr, zum Entzücken der männlichen Gäste, entstieg wie Gott sie geschaffen hatte? Ich möchte sagen, es kommt auf die Figur an! Holbrook schildert in seinem Buch ›Cäsaren der Wirtschaft‹, wie reiche amerikanische Hundebesitzer ein Bankett für etwa hundert Hunde gaben, die, alle in verschiedene Kostüme gekleidet, geschmorte Leber mit Reis vorgesetzt bekamen. Ein New Yorker Snob gab im Restaurant Sherry's ein Herrenessen zu Pferde, bei dem jeder der dreißig befrackten Gäste eine weißgedeckte Platte vor sich auf den Pferderücken gestellt bekam, während die Kellner die kleinen Treppen, die zwischen den Pferden aufgebaut waren, rauf- und runtereilten.

Berühmt waren auch die Feste des Zeitungskönigs Hearst. Er lud die Gäste in seine Flugzeuge und flog sie auf eines seiner Schlösser. Dort fanden sie in den Gastzimmern vollständige Garderoben, vom Reitdreß bis zum Frack, vom Golfrock bis zum Abendkleid, um für alle Anlässe gerüstet zu sein. Man speiste an Tischen ohne Decken mit Papierservietten, aber von erlesenem Porzellan. Die Hausordnung hing, wie in einem Pensionat, in jedem Zimmer, die Gäste durften an den verschiedenen Bars trinken, soviel sie wollten, nicht jedoch auf dem Zimmer; dafür war ihnen der Gebrauch des Wortes ›Tod‹ im Gespräch großzügig gestattet. Um halb acht Uhr abends versammelten die vierzig bis sechzig Eingeladenen sich in der großen Halle und wandelten feierlich in den Speisesaal, der wie ein gotisches Refektorium gehalten war. Hinter der Freundin des Zeitungsmagnaten, der nicht sonderlich begabten, dafür hysterischen, ehemals schönen Schauspielerin Marion Davies, stand während des ganzen Essens ein Diener, nur um ihr die Puderdose zu halten. Neben ihr – so berichtet Holbrook – saß der Hund Gandhi, und hinter diesem stand ein Sonderlakai, der ihm aus silberner Schüssel sein Truthahnfressen servierte. Ob diese Feste wirklich heiter waren?